慧心慧语

张晓慧 著

陕西新华出版传媒集团
三秦出版社

图书在版编目（CIP）数据

慧心慧语 / 张晓慧著. —西安 : 三秦出版社,
2020.10

ISBN 978-7-5518-2298-5

Ⅰ. ①慧… Ⅱ. ①张… Ⅲ. ①语文教学—课堂教学—
教学研究 Ⅳ. ①H19

中国版本图书馆CIP数据核字(2020)第204743号

慧心慧语

张晓慧　著

出版发行　陕西新华出版传媒集团　三秦出版社
社　　址　陕西省西安市雁塔区曲江街道登高路 1388 号
电　　话　（029）81205236
邮政编码　710061
印　　刷　三河市嵩川印刷有限公司
开　　本　787mm×1092mm　1/16
印　　张　8.25
字　　数　138 千字
版　　次　2020 年 10 月第 1 版
　　　　　2021 年 7 月第 2 次印刷
书　　号　ISBN 978-7-5518-2298-5
定　　价　45.80 元

网　　址　http://www.sqcbs.cn

序

德国哲学家雅斯贝尔斯说："教育就是一棵树摇动另一棵树，一朵云推动另一朵云，一个灵魂唤醒另一个灵魂。"教育是生命的相互启迪，教育的目的是启蒙和唤醒人的思想与智慧。

慧心，是一种教育情怀。

韩愈云："师者，所以传道授业解惑也。"也就是说，老师是传授道理、教授学业、解答疑难问题的人。教师肩负着立德树人的重任，作为教育工作者，要培养教育情怀，要"做学生锤炼品格的引路人，做学生学习知识的引路人，做学生创新思维的引路人，做学生奉献祖国的引路人"。神圣的职责要求我们修炼一颗教育慧心。拥有慧心，我们才能热爱教育事业，热爱语文课堂和学生；拥有慧心，我们才能爱岗敬业，乐于奉献，在工作中获得乐趣；拥有慧心，我们才能精心培育学生，捕捉到教育的契机，努力寻找解决问题的办法，获得理想的教育效果。

慧心，是一种教育方式。

苏霍姆林斯基曾说过："学校里的学习不是毫无热情地把知识从一个头脑装到另一个头脑里，而是师生之间每时每刻都在进行心灵的接触。"教师要打开慧眼，修炼慧心，要耐心地和孩子交流，真诚地聆听孩子的心声，走进学生的心灵深处，能够换位思考，尊重学生，爱护学生，理解学生，建立平等、友爱、和谐的师生关系。具有慧心的教师才会得到学生的爱戴，学生才能“亲其师，信其道”。

慧心，是一种教育传承。

教师的使命是传承慧心，教师用智慧和人格开启学生的智慧，点亮学生的心灯，这是教育的传承，用慧心传承慧心，用心灵塑造心灵，培养热爱祖国、责任担当、珍爱生命、身心两健、懂得感恩、友善真诚、崇尚真知、创新探究、志向高远的慧心少年。

我们要打造智慧课堂，让师生的智慧在语文教与学的过程中得以开启。

语文课堂唤醒学生智慧。

慧用“心”字底，说明慧是一种精神，一种状态。智是慧的基础，慧是智的更高境界。英国著名哲学家、教育家怀特海在《教育的目的》一书中曾说：“在古代学校里，哲学家们渴望传授的是智慧，而在现代学校，我们则降低了目标，教授的只是学科。从神圣的智慧沦落为学校教材知识，标志着多少世纪以来教育上的一种失败。”语文课堂要把学生培养成一个智慧的人，首先，要关注阅读，让学生在海量的阅读中去寻求智慧，成为一个“腹有诗书气自华”的智慧人；其次，要关注写作，引导学生在写作中彰显智慧；最后，还需关注生活，因为语文是实践性课程，让学生在语文实践中创生智慧。通过语文学习提升素养，这样的学生才将可能拥有智慧的人生。

教师智慧让语文课堂生辉。

智慧的语文教师要“有理想信念”“有道德情操”“有扎实学识”“有仁爱之心”。智慧的语文教师能够准确把握语文教学的方向，在教学中能够形成自己独特的教学理念和教学风格。在教学中不断发现问题，解决问题，不断提升自身的教育智慧。智慧的语文教师应该是一个饱读诗书、知识渊博的人，这样的人才有能力打造智慧的语文课堂，才能够把学生引领到语文的美妙世界，才能让学生如沐春风。智慧的语文教师追求在语文课堂上，以教师的智慧“点燃”学生的智慧，努力让语文课堂有温度、有高度、有深度、有厚度……

只有智慧的教师才能培养智慧的学生，只有智慧的教育才能成就学生智慧的人生。

青海省西宁市第一中学　张晓慧

慧心慧语

教师慧心

- 四有好老师
  - 有理想信念
  - 有道德修养
  - 有扎实学识
  - 有仁爱之心
- 四个引路人
  - 做学生锻炼品格的引路人
  - 做学生学习知识的引路人
  - 做学生创新思维的引路人
  - 做学生奉献祖国的引路人

学生慧心

- 热爱祖国
- 责任担当
- 珍爱生命
- 懂得感恩
- 友善真诚
- 创新探究
- 崇尚真知

慧语

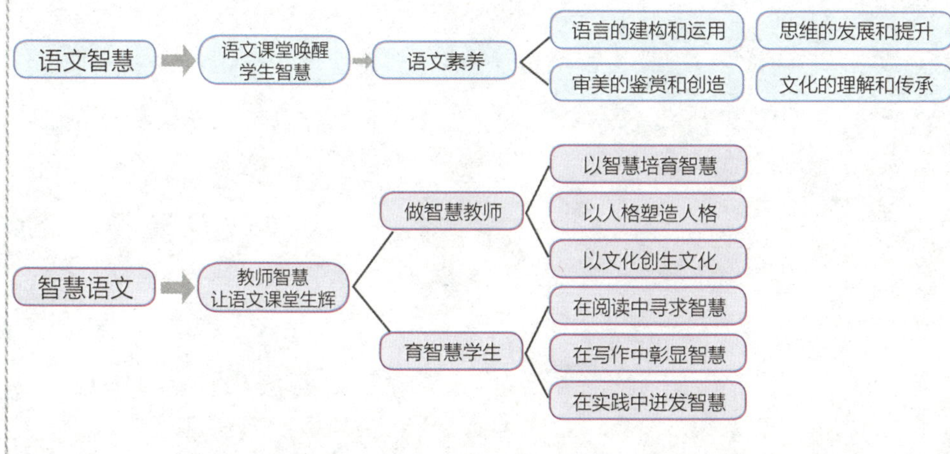

目录

第一篇　慧心篇

第二篇 慧语篇

第一篇

当老师真幸福
——写给七年级二班的孩子们

与其说老师无私的爱点燃了学生的人生，
不如说学生纯洁的爱温暖了老师的生命。
与其说学生因老师的教育提高了生命的高度，
不如说老师因学生的成长延长了生命的长度。

一

高冷孤傲的你脸上很少有笑容，让人难以接近。那天改到你的作业，错误百出，书写潦草。我翻来覆去查看前面几次的作业，发现给你留下的批语“作业不认真，请订正！”全都静静地躺在你的作业本上，你一个字也没动，我决心会会你。找到一节体育课，叫课代表请你到办公室来。你报告也不喊一声，一声不响地站在我的办公桌前，把正在备课的我吓了一跳。问你作业为何写成这样，你头一扭，眼睛望着窗外，用沉默来回答我。那次谈话无果而终。在我的“威逼”下，你的作业是订正了，但你倔强的样子常常浮现在我的脑海。心中的疑虑让我踏上了家访之路。到了你家，在你爷爷奶奶的千呼万唤下，你才极不情愿地从里屋挪了出来。也是那次家访，我才知道你是单亲留守儿童。回家时已是繁星点点，我仰望星空，心想：再小的星星也能发光，我要用我的爱滋润你干涸的心田，消融你冰冻的内心。从那以后，每日巡课，我的脚步必定为你停留。从一开始你被要求拿出学习笔记，到现在我一到你跟前，你就主动将笔记呈到我手上。我们配合默契啦，你能读懂我的眼神啦，真好！还记得那次课本剧《河中石兽》的演出吗？当你们小组拿出用废报纸、废鞋盒盖做的铁锹、船桨、西瓜帽和羽毛扇时，同学们都被这绝妙的想象力和创造力惊艳到了。当组长报出道具人的姓名——竟然是你！同学们先是一愣，然后是长久而热烈的掌声。我看到了你脸上久违的笑容。这笑容多有感染力呀！那一整天，我都是笑容灿烂，当你的老师真幸福！

孩子，你知道脸上洋溢着笑容的你有多阳光吗？愿你从此心中有爱，用它来唤醒热情和生活。

二

一个小姑娘独自坐在最后一排，确实让人看着有些怪。询问过班主任，说你自己要求一个人坐到最后，我甚是诧异。还记得那次演课本剧吗？我挑选出八个优秀剧本创作者担任编辑，同学们以小组为单位分配角色。你的剧本写得多好呀！可是我从其他组巡视到你们组时，发现你们组一个角色都没定，原来没有一个人愿意和你配合。我询问怎么回事，你尴尬地站在那里，咬着嘴唇，满脸通红，手捻剧本，眼噙泪水。我心里一揪，你们组同学脸上冷漠的表情像一把利剑一样，不仅刺痛了你的心，也刺痛了我的心。下课后，我将第八组的同学召集到办公室。同学们说你不团结人，还爱撒谎，他们都不喜欢。我狠狠地批评了他们，教育他们要给你一点时间和机会来改正错误。在我的安排下你们组的角色算是定了，看到你认真地给组里的同学讲剧本，我心里有了些许安慰。演出那天，你出演讲学家，用一口流利的文言文台词赢得了大家的掌声。我站在教室后面，看到你找寻我的目光，我朝你竖起了大拇指。活动结束后，我让你上台来挑选我送你们的礼物，你挑选了小巧精致的卡通米奇，后来听说你送给了马佳，很好！

孩子，独学而无友，则孤陋寡闻。学会交流与分享，快乐会常伴你左右。我为能引领你走出生命的误区，成为你心灵的导师而感到幸福！

三

期末用思维导图法上复习课。作业收上来，孩子们独具匠心的构图让我很欣慰。你的图一看就是精心设计的，很美，但却有些知识性错误。我叫你到办公室，你怯怯地站在我的身边，清秀的小脸写满紧张。望着你这小可怜，我尽量用温和的语气和微笑来消除你紧张的情绪。讲完看着你瘦弱的小身影从办公室门缝里斜挤出去，不禁心生怜爱。第二天，请了几位同学到黑板上演示你们的构图，你条理清晰、准确无误地将都德《最后一课》的思维导图呈现在黑板上。在同学们热烈的掌声中你羞涩地笑了。下午还有两节课，课间你来到讲桌前，悄悄地塞到我手里一样东西，我一看是一小块润喉糖。抬眼时你已跑到了教室的图书角。我手握润喉糖，还没有吃却已甜到了心里。

孩子，我好喜欢这种有情感的、有温度的工作，当你的老师真幸福！

孩子们，当你们的老师真幸福！喜欢你们上课时的求知若渴，喜欢你们下课时的生龙活虎。是你们让我的存在更有意义，让我的生命更有价值，谢谢你们！我将耕耘好足下这片土地，将爱与芳华、智慧与情怀奉献给我热爱的教育事业，因为站在讲台上的那一刻，我是最幸福的！

课本剧让语文学习更有趣

语文是一门综合性和实践性的课程，教师要创设学习语文实践的机会，开展综合性学习活动，拓宽学生的学习空间，培养学生的创新精神和实践能力，让学生在语文实践中学习语文，学会学习。

《义务教育语文课程标准》（2011 版）指出，应努力建设开放而有活力的语文课程，拓宽语文学习和运用的领域。新课程改革下的教师不再只是知识的输出者，而应是“学习活动的组织者和引导者”，最大可能地调动学生的积极性和主动性。在阅读教学中，将阅读与写作结合起来，指导学生编写课本剧，是一种行之有效的方法。课本剧剧本的创作和排演，有利于教师在中学语文教学改革中树立“大语文”的教育观，对于培养学生的学习兴趣，提高语文能力有着重要的作用。教师应当积极地参与到学生编演课本剧的整个过程当中，充分发挥组织、合作和指导作用。

在课堂教学的尝试中，我选择故事性强的课文，去组织学生编演课本剧，这样能够取得非常好的效果。例如，我在教《河中石兽》《卖油翁》《孙权劝学》《愚公移山》等课文时，就组织学生成功地进行了课本剧的演出，较之以往教学效果有了很大的提高。下面，我以教授《卖油翁》为例，谈谈教学过程。

一、激发学生的表演兴趣

中学阶段是学生表现欲最强的时期，我根据学生的这一年龄特点，播放话剧《茶馆》视频，让学生对戏剧表演有了直观的认识，从而激发学生的表演兴趣。

在教《卖油翁》一文时，我布置了编演课本剧的任务，学生们非常兴奋，在学习课文时格外用心。我指导学生反复阅读文本，圈画出重点词句，如：陈尧咨、卖油翁的动作、语言、神态等。学生在讨论中揣摩角色，深入研读，把握了故事情节的发展、鲜活的对话、形象的动作及传神的表情等内容。这样做的目的是促使学生把自己融入文本，体验角色，发挥想象，大胆创造，最终超越文本。

二、讲解戏剧文学的相关知识

课堂上，我用PPT展示了《威尼斯商人》剧本，课堂上学生们对剧本饶有兴趣，满脸好奇。我专门讲授了戏剧常识和剧本创作的知识，提示学生剧本主要以对话为主，剧中情节的发展、人物性格的展示要通过人物的台词和舞台提示来完成。

三、培养学生想象力和创作能力

学生初次创作剧本，往往会被文中人物对话所限制，缺少发挥想象的意识。我鼓励学生勇于创新，丰富人物台词和舞台提示，以使人物性格得到充分展示，人物形象更为丰满可感。例如丰富剧作中人物卖油翁和陈尧咨的动作和神态等。编写课本剧，以小组为单位，同学们人人参与、各有分工，为每一位学生提供大展身手的机会。学生的思维不再只局限于课本，他们张开了想象的翅膀，设计的许多情节，大大丰富了课文的内容。

四、培养学生的自主、合作能力

我以小组合作的方式开展活动，小组合作可以加强学生之间的交流与合作，使学生互相取长补短、开阔视野、思维碰撞、受到启发、共同提高。改变了被动的学习方式，有利于提高学习效率，培养学生良好的合作品质和学习习惯。每个小组在课余时间展开民主式的讨论，对剧本的构思、角色的分配，充分发表意见，经讨论后共同撰写剧本。剧本完成后我逐一审阅，指导修改。每个小组推选出一位学生担任编剧，一位学生担任导演，每一位学生都分配角色，自制道具。我发现这个过程中学生的潜能被激发，制作成的道具令人耳目一新，如陈尧咨头上的帽子是废报纸染色做的，还有用尼龙绳和竹子做的弓和箭，用拖布棒做的扁担，废报纸做的油桶，乃至舀子、葫芦、铜钱都是从各家寻得的。自制道具让学生充分挖掘自身的才能，培养学生之间的合作能力，孩子们为能为小组做出贡献感到快乐和自豪。

课本剧表演激发了学生学习热情，每个剧组里面的演员，经过自荐和筛选，提前一周开始练习，排练的过程中有争吵也有欢笑，但是孩子们始终充满热情。

五、重视课堂表演气氛的营造，重视表演的效果

课本剧表演那天就像语文教学的节日，每个学生都格外激动、跃跃欲试，快乐的气氛弥漫在教室中。我设计了以小组竞赛的形式表演，激发了学生的好胜心。为使表演效果更好，我进行了表演前课堂气氛的营造：黑板上设计活动主题，抬走讲台，重摆课桌凳，腾出表演空间。学生们尽兴表演，他们用略显生硬的动作和语言来展示陈尧咨沾沾自喜、狂妄自大和盛气凌人的形象，以及卖油翁朴实、谦逊、从容和自信的品德。有的小组表演顺利，全组欢呼雀跃；有的小组表演出现问题，全组生气沮丧；有的孩子因为台词没背熟而后悔不已；有的孩子的道具得到同学们的夸奖，他们神气十足；有的孩子表演得到同学们的掌声，他们笑逐颜开……我最后做总结，肯定优点，指出不足，鼓励学生再接再厉，在下次课本剧表演时获得更好的效果。

活动结束后，进行投票评奖，设置最佳表演奖、最佳剧本奖。孩子们把掌声送给每一个参与表演的同学，每一个人都体验到了参与的快乐。

通过课本剧表演，学生与作者以及作者所处的时代有了直接的碰撞，对作品所表达的思想有了更深刻的认识。课本剧表演提高了学生语言表达能力和综合素质，变得更加自信。课本剧的编演对语文教学，对学生综合素质的提高是一个极大的促进，学生在活动过程中发展和锻炼了健康的情感，健全了人格，在活动过程中体验了成功的喜悦。课本剧表演极大地调动了学生学习语文的积极性，改变了传统学生被动接受的教学方式，形成老师为主导、学生为主体的教学模式，促进了语文课堂教学的改革。

下面是学生创作的课本剧：

《卖油翁》课本剧剧本

编撰：青春梦想小组

时间：公元990年。

地点：宋朝武状元陈尧咨自家菜园。

人物：陈尧咨及其仆童，卖油翁。

幕起，《将令》音乐起，陈尧咨随音乐做武术动作出场。练拳毕，向观众行礼。

陈：我叫陈尧咨，一身好武艺，尤其是射箭，箭箭能中的。（向仆童）来，拿弓来！

仆：是，老爷！（递弓与陈，陈拉弓取箭，开始练习射箭）

仆：（随箭射出）九环，十环，九环，十环，十环……耶！又是十环！

陈：哈哈，哈哈……（卖油翁挑着担子出场）

油：卖油喽，卖油喽，上好的菜籽油、花生油、芝麻油、花椒油，样样有喽，卖油喽，卖油喽……

仆：吵什么吵？没看见我家老爷射箭吗？

油：哦，对不起，对不起，小的不知。（退一旁，放下担子）

陈：来，继续！

仆：九环，十环，十环……（卖油翁很轻视的样子，一边捋着胡须，一边点头）

油：嗯，不错，不错。

仆：你这老头，什么意思吗？

陈：（拦住仆童，上前）你也懂得射箭吗？我射箭的技艺不也很精湛吗？

油：没什么别的，只不过手法熟练罢了。

仆：（指着卖油翁）你……你……

陈：（气愤地）你怎么敢轻视我射箭的技艺？

油：凭我倒油的经验知道这个道理。

仆：吹什么吹？你会有什么经验？

油：那你瞧好啦。（取葫芦、勺子、铜钱，倒油，倒完拿铜钱给主仆二人看）

陈、仆：哇，一点都没有湿。（翘大拇指）高人！高人！

油：我也没什么别的，只不过手法熟练罢了。

陈：老人家，你今天让我真正明白了熟能生巧、艺无止境的道理，感激不尽。咱们后会有期。

油：好，再见！

陈：恕不远送。（主仆二人恭送卖油翁，卖油翁下）（陈尧咨主仆二人下）

每一个梦想都应该被灌溉

15 岁，上初一？年龄有点大吧。

我拿着花名册不敢相信自己的眼睛。再次认真地掐着指头算，没错，15 岁！

开学当天，一个个点名。“博文”，“到”，一个含糊不清的声音回答道。摇摇摆摆站起来一个男孩，个子挺高，眉眼清秀，就是嘴巴有些斜。学生们窃笑着，我望着这可怜的孩子，厉声喝止了其他学生。

从学生档案上我了解到博文的情况：二级伤残，行动和语言都有障碍。我有些奇怪，他为什么不上特殊学校呢？期中考试开家长会，他的爸爸来到了学校，经过沟通我才知道，孩子从小特别努力，为了能和正常的孩子一同上学，家里颇费了些功夫。

虽然博文学习上很努力，但成绩却一直不好。记得那次考试，我监考，他头摇摆着，两只手连卷子都翻不过来，我着急地走过去，帮他翻过卷子，把他那只稍好的手按摩几下。他努力握着笔，在试卷上歪歪斜斜地画着。我叹了口气，无奈地看着他。他咧开嘴对我微笑着说：“谢谢老师。”看着他沁着细小汗珠的大脑门儿，我心里一阵难过。

学校下午要开展防震避险演练，要求师生在两分钟内到达安全区域。演练前我做着安排，博文静静地望着我，眼里写满忧郁。考虑到他行动不便，于是安排就近的两位身材高大的男生协助他撤离，叮嘱他们在演练时，要帮助博文顺顺利利撤离到操场，并对全班说：“安全撤离，一个也不能落下。”警笛响起，全班有序撤离，两个男生一左一右搀着他，他拧着“麻花步”在两人的帮助下向楼下挪去。看着他们的背影，我心里是说不出的滋味。

一天午后，我正在办公室批作业。他来了，满脸通红地从怀里掏出一个纸包递给我：“老师，这是给你的巧克力，是从国外带回来的。”说完，他羞涩地笑着。我问：“给我的？”他用力地点点头。我开心地接过来，撕开包装想与办公室同事分享，但感觉巧克力有些异样，原来巧克力被孩子的体温都焐化了。品味着这独特的巧克力，我的心也融化了。

转眼你已毕业两年，今年的教师节又接到你的电话。听到你用别人不容易听懂的声音问候我节日快乐……我问：“你好吗？现在在干什么？”“我在做图文设计。”你快乐地说。我好奇地问：“你不是在你爸的店里帮忙吗？”“老师我想自己干一点事，不想让我爸养活我。”你费力地说。我问：“一个月能挣多少钱呢？”电话那头的你嘿嘿地笑着：“没多少，我主要是学习。”听到这儿，我的心里又无奈，又有些愤愤不平，叹了口气说：“今后你有什么打算吗？”你回答道：“我想开一家属于自己的图文店。”我开心地说：“挺好的，多学习本领，不管今后做什么，过程比结果更重要。”

挂掉电话，我陷入沉思，一个残疾人能够这样顽强地面对生活，我心里又欣慰又佩服。虽然我没有把你培养成国之栋梁，但是你不自暴自弃，成了一个合格的公民，这也算是我职业生涯中的骄傲吧。每一颗星星都会发光，每一束微光都应该被尊重，每一个孩子都应该被宠爱，每一个梦想都应该被灌溉。

你是我的伤

暑假，手机来电显示一个陌生号码，接通电话，“张老师，你好，我是丁一鸣，你还记得我吗？”我脑海中立刻闪现出一个高高胖胖的男孩形象。“我记得呀，你还好吗？你现在在干什么？”我好奇地问。“我在四川上职校，这会儿在西宁，我想到学校来看看你行吗？”电话那头的他弱弱地问。“可以呀，”我开心地说，“二十六号我值班，你到学校来吧。”

挂断电话，往事一股脑涌现在眼前。丁一鸣，我怎么会忘了你，你可是我教育生涯中的一个遗憾呀。你初三就辍学了，任我怎么劝阻都无济于事，你让我尝够了失败的滋味。辍学后虽不曾谋面，但你仍时时出现在我的脑海里、话题中。

一转眼二十六号到了，我在办公室静静地等候着，像等候一个重要的人物光临。

约莫过了半小时，办公室门开了，一个魁梧的身影出现在门口，是他——丁一鸣。个子一米八五以上，比以前更胖了，但脸型基本没变，还是一脸的孩子气，他羞怯地拎着个羊腿站在门口。我赶紧起身拉他进了办公室，看着他手中的羊腿，我忍不住笑了：“怎么还想着给老师拿礼物呀，你又没挣钱，不要这样。”我请他到沙发前坐下，他侧着身子，只坐了沙发的边缘，脸红红的，手一会儿放到腿面上，一会儿又放到两腿中间，显得局促不安。我望着他与身量不匹配的表情和动作，“扑哧”一声笑了，说：“你紧张什么，我有那么可怕吗？放松点儿。”他难为情地揉了揉脸，“嘿嘿”笑着。我问：“你怎么会去四川上学了呢？”“我在家玩了一年，后来觉得玩得没意思了，我爸妈就找人让我到四川上职校了。”他慢悠悠地说。“当初我那么劝你回学校来上学，你都没回来，现在终于愿意上学了，挺好。”我说。“当时我也不知怎么了，就是学不进去，不想上学，真的待在家里又越玩越没意思，我爸妈又管不了，我现在想想也挺后悔的。”他挠挠头。“现在放假了吗？”我问。“没放假。”他回答。“那怎么……”我颇有些诧异。他脸涨得通红，吞吞吐吐地说：“因为……因为打架了，老师说让我先回家，等考试的时候再回学校去。”凭着我多年的教学经验，我猜测地问：“是为了女孩子吧。”他眼睛盯着脚尖，吐了吐舌头，点了点头。“唉，还是那么冲动和任性，你也不小了，做什么事情都要三思而后行，要考虑后果呀……”我担心地望着他。“我感觉自己挺笨的，做事没脑子，常常事后挺后悔的。”他望着我，脸上眼里满是疑惑。这时，他的手机响起来，他从裤兜里掏出一个手机，一看不对，又从衣兜里掏出另一个手机。我说：“接吧。”他跟我解释：“是我妈妈。”

不知他妈妈说了些什么，只听他说“在一中张老师的办公室”。在初中两年间，我和他妈妈见过不少面，因为孩子经常不写作业和旷课，所以请家长便是家常便饭了。那次丁一鸣要买苹果手机，他妈妈不给买就赌气离家出走，最终，妈妈给他买了手机才结束旷课。虽然对手机的使用提前约法三章，但好像也仅仅停留在口头上，无效。还记得丁一鸣与政治老师发生冲突，请来家长后，他爸爸踹了他几脚，他和爸爸怒目相对，拒不道歉，最后在我的强压之下才勉勉强强写了个检讨。他妈妈在一旁，除了摇头就是叹气。记得初三丁一鸣不到学校来报到，我从电话里劝他到学校来。他妈妈陪他来了，他一言不发站在办公室，铁了心不上学。他妈妈拿他没办法，只好流着泪办了辍学手续。当初我还曾对孩子家长的溺爱感到无奈，慨叹当家长的无能。

他接完电话我们又随意地聊了他在四川的学习和生活。从聊天中得知，他在四川的职校学习一般，至于将来怎么办也很茫然。不知不觉几个小时过去了，他的手机又响起来，他又手忙脚乱地接了电话。看他接完电话，我从桌上拿起早上刚买的《林清玄散文集》和《季羡林作品精选》两本书，“老师也没有什么送给你的，送你两本书，这两个作家是我最喜欢的，他们的文章既有温情又富含哲理。”

他双手接过书。我问："你喜欢看书了吗？"他不好意思地说："还是不太喜欢。"我说："没关系，试着先看一篇或一个片段，试一下，也许你会慢慢喜欢上读书的。至于未来，多读书，书籍会告诉你答案的。多读书会让你耳清目明，做事有头脑的。"他离开已是傍晚，挥手告别，望着他的背影，我心中有些难过。挺好的一个孩子，现在仍像迷途的羔羊一样，找不到正确的方向，我却无能为力。都说教育能改变一个人，可教育在他身上的作用却微乎其微，究竟是什么原因呢？我想学校和家庭都负有不可推卸的责任。

如果当初我对他的学习再多一些关注，对他的教育再耐心一点，在他辍学的问题上再坚持一些，结局也许不是这样。如果当初家长和我配合得再默契一些，他的道路也许会更好走些。他现在四川老师的做法，和我当时的做法太像了，用简单的方法处理复杂的问题，表面上看起来问题解决了，但实质并未改变。暂时的息事宁人助长了孩子的脾气，让他变得无所忌惮。无论老师还是家长，对孩子最大的伤害就是在学习和生活上对他们放任。像他这种情况，问题的根本是家校没有联合起来，解决问题的办法应是家校合作。苏联教育家苏霍姆林斯基曾把学校和家庭比作两个"教育者"，认为两者"不仅要一致行动，要向孩子提出同样的要求，而且要志同道合，抱着一致的信念，这就是家校共育"。

愿每个孩子都能在家庭和学校联合的教育中，长成最美好的样子。

诗意春天

中国是一个诗歌的国度，诗歌是中华民族文化史上一颗璀璨的明珠。在语文教育中，诗歌占有不可忽视的地位，《义务教育语文课程标准》(2011 版）指出，诗歌教学的目标是："诵读古代诗词，注重积累、感悟和运用，提高自己的欣赏品位"。可现实是，中学语文考试中，诗歌欣赏占的分值不高，老师们在诗歌教学上不愿花费过多的精力，在写作时，教师也不建议学生创作诗歌。诗歌教育的断层使中学生诗歌创作能力低下。

本周教授《诗经》二首，教学目标是学习赋、比、兴的艺术表现手法，体会它的表达效果；体会两首诗大量运用重章叠句的手法，感受诗歌的音韵美、意境美、含蓄美。我从诗歌的音乐美、绘画美、结构美三个层面层层深入剖析，引导学生学习鉴赏诗歌。全班学生在我的引导下，走入文本，学习积极性也像诗文内涵一样被慢慢 "晕开"了，诗意充盈着整个课堂。

看到孩子们沉浸在诗意中，有这么高的学习热情，我灵机一动，让孩子们试着写写诗歌。虽然创作诗歌应该在九年级训练，但我有点急不可耐了，我想教学策略的设定应随情而定，不能太死板了。因为刚好是春季，所以我要求孩子们以春天为话题写上几句诗。作业一布置，孩子们格外兴奋，眼中是满满的激动，我内心也充满期待。

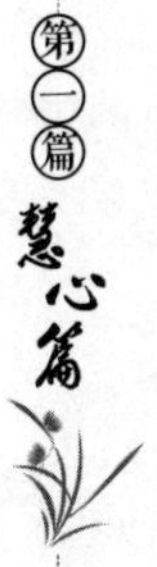

第二天早读，作业收上来，我傻眼了。能成型的诗句不多，有的更是大白话，语句不通，用词不当，意象混乱，没有中心……太多的问题让我不知怎么办才好。下课了，王臻跑过来，拿着他的大作，说："张老师，你能帮我看看我写得好不好吗？"我一看，混混乱乱几句话，不知所云。望着他真诚的脸，我实在不忍心说出我的真实感受。一整天我耐着性子，满头汗水地将每个孩子的诗歌改完。

我决定再上一节诗歌课。将白居易的《钱塘湖春行》推荐给大家，分析诗歌中的意象和意境。再读朱自清的《春》，引导孩子们寻找窗外春天的景物，把握景物的特点。最后师生共同板书归纳诗歌的特点：1. 内容上要有丰富的意象，美妙的想象，在平凡中看到不平凡。2. 思想上要写出动人的情意，要加入个人的情感和体会。3. 形式上要分行分节，可以依句分行分节，也可以依内容分行分节。4. 音韵上尽量讲求押韵，语言要推敲。归纳完再给学生一节课的时间创作诗歌。窗外春暖花开，阳光明媚，午后的阳光欢快地跳跃在窗台上、课桌上、孩子们的头上、后背上……教室里氤氲着春天的诗意。孩子们有右手拿笔，左手托腮遐想的；有疾疾写作，又草草划去的；有咬笔蹙眉，入神沉思的。最后一排的雨辰举手了，正在巡视的我赶快来到他身旁，他羞怯地递给我他写的诗歌。他对《关雎》进行了仿写，形式上还是不错的，表达了对春天的赞美，但是意象堆砌而混乱，诗句之间没有联系，而且用词不当。但对于第一次创作诗歌的孩子来说，敢写和想写是最为重要的。我表扬了他诗歌的亮点，坐在他身旁，耐心帮他修改诗歌，小心翼翼地呵护着他的写作兴趣和灵感，唯恐我不经意的一句话扼杀他脆弱的诗歌之花。费了一番力气后，雨辰终于完成了他人生的第一首诗歌，虽然稚嫩，但却难能可贵。

咏春

春风暖暖，芳草鲜美。绽红泻绿，汝不醉乎？
春风柔柔，柳叶忙出。随风飘荡，汝不抚乎？
春风缕缕，蜂儿忙碌。新燕啄泥，汝不赞乎？
春风习习，纸鸢飘摇。欢歌笑语，汝不恋乎？

其他孩子也相继完成了自己的"大作"。收齐后我连夜再改，第二天趁热打铁再修改第三、第四、第五遍，有的改到第六遍。孩子们笔下的春天万物都是富有诗意的：河水在欢腾地歌唱，小草在惬意地舒展，迎春花在春风中摇曳，柳树在春雨中吐翠……美妙的春天让孩子们的生活也氤氲着诗意，班里任课教师打趣说："你班上的孩子写诗都有些魔怔了。"孩子们为自己的诗歌插图绘画，看到他们的杰作我无比欣慰，我将他们的作品汇编成册，取名为《诗意春天》，在最前面放上了我和孩子们同题创作的三首诗歌。

咏春

东风习习春来到，春雨沥沥似相邀。
山坡青青芳草笑，小河淙淙唱歌谣。
杏花朵朵竞娇俏，蜂儿嗡嗡花间闹。
花草树木急吐翠，莺飞燕舞忙筑巢。
春光潋滟岁静好，男女老少奔相告。
青春易逝人易老，人生赛场竞风骚。

咏春

草长莺飞四月天，桃红李白美如画。
东风习习拂翠柳，细雨蒙蒙润芳华。
浅草同生迎朝阳，嫩蕊齐绽追晚霞。
无须惆怅怨春迟，不负青春好年华。

咏春

东风吹醒了寂寞的大地。原野披戴上华丽的外衣。
春水潋滟着一身花色，郊田沾染了一地清新。
枝头迎来欢跃的生命，杨柳舒展着袅娜的身影。
风筝摇曳着生命的春天，牧笛歌咏着春天的美丽。
人们忘情在挚爱的土地，夕阳倒映着动人的剪影。

诗歌创作可以培养学生阅读和欣赏诗歌的兴趣和能力，使他们提高思想道德修养和审美情趣。诗歌创作让语文课充满诗意，让孩子们的生活充满诗意。

致工作室的兄弟姐妹

亲爱的兄弟姐妹们：

这四年因为有你们相伴同行，真是“一路繁花一路歌”。期间的风景妙不可言，今天我要真挚地表达对你们的感谢。

时间真快，记得四年前的三月，以我的名字命名的“西宁市张晓慧初中语文名师工作室”由西宁市教育局批准成立，从此，我们这些志同道合的伙伴们便有了一个温暖的家。《论语》说，“德不孤，必有邻”。《道德经》说，“同于道者，道亦乐得之；同于德者，德亦乐得之”。“不忘教育初心，做有温度的教师；致力语文素养，做有品质的教育”的教育理念让我们组成了志同道合的团队，为我们的职业生活多开了一扇窗。我们以“让语文浸润心灵，让语文涵养品性”为己任，努力锻造西宁市语文教学的领军之师。我们的工作室是一个“学习共团体”，是一个“专业成长的共团体”，是一个助力我们不断提升专业素养、提升生命境界的“生命共同体”。四年多来，在领导的关怀与指导下，在大家的努力与创造下，我们的工作室不断积累与沉淀，勾勒出越来越清晰的生命愿景。

工作室尊重个性，讲求融合，在这个过程中我们互帮互助，彼此成就。2017 年全市名师大讲堂展示活动的圆满举办，省市各级各类教学展示活动的完美呈现，课外读本的三易其稿，省级课题的凝心聚力，各种送教活动的尽心竭力……回想起来都是满满的感动。黄剑、徐丽、岑礼霞、张璐璐、邱丽宁、申玉瑜、韩忠萍、郭惠、赵蕾，还有新加入的杨发鑫、焦俐、陆建英、张永芳、吴昊，工作室的每一位教师，都自带光芒，又互相照亮，成为各自职业生涯中的启辉器。工作室是我们迷茫与孤独之际心灵的慰藉，困惑与幽暗之时思想的互启，努力与突围之中理想的共创，创造与成功之时生命的分享……遇到你们真好！

全体人员齐心协力，四年来，我们团队中，两人晋升为校长，一人获全国道德模范提名，两人被评为教学能手，三人被评为省级优秀教师和德育工作者……我们找到彼此同频振动，相同的精神尺码，互相感染，互相激励。在兄弟姐妹的共同努力下，工作室教学研究成果初现其美：专著《书香满园》获得2017年度西宁市科技局创新成果一等奖，被西宁市教学院确定为西宁市校本教材。三十几篇由工作室成员撰写的论文发表于各类CN期刊。研磨的十余节课例在省市教学比赛中获得佳绩，或在各类观摩研讨活动中获得好评。工作室积极发挥引领作用，带动了集团校、联盟校的教学研究。我们聚是一团火，散是满天星，星星之火形成燎原之势。

各位亲爱的兄弟姐妹们，教师应当不断培养自己的专业信念、专业精神、专业能力，获得专业的幸福与尊严。四年多来，工作室以阅读和写作为研究方向，以语文课程的工具性和人文性为基点，努力探寻一条独特而又切实可行的语文教育之路。工作室应当是持守本源与不断开拓的生命启辉器。“君子务本，返本开新”，我们当不忘初心，开启未来，向着语文教学之真善美与师者人格之真善美抵近。研究教学，不为别的，只希望内心的道越来越明，意志越来越坚定。随着岁月的老去，我们仍沉浸在不断追求学习之中，“不知老之将至”。

“一个人可以走得快，一群人可以走得远”，亲爱的伙伴们，因为有了你我相伴，我们一定能“一路繁花到未来”！

张晓慧

2019年7月23日

在路上

生长在青藏高原的我，一直认为自己是一棵小草，能为高原教育添一份绿色是我的自豪。

震动

2018 年 5 月参加“京师好老师成长营”。教育部黄伟副司长说：“做一名超越名利，真正在内心深处提升心灵品质的名师。”台湾辛意云教授说：“人唯有对生命有所觉醒，才能走上自我实现，自我完成，自我创造的路。”从没有这样专心致志地参加过培训，我的内心像浪花翻滚涌动。优美动听的小提琴曲《我和我的祖国》一次次让我热泪盈盈，“志不立，天下无可成之事”的诵读掷地有声，做“四有”好老师的誓言响彻云霄。我一遍遍地叩问内心，我有这么优秀吗？我有这种能力吗？

触动

一个人走得快，而一群人走得远。你能走多远，取决于与谁同行。北京回来后参加“双名”工程百日线上学习，我认识了这样一群人。他们是一群奔跑在教育道路上的人，一群寻求教育本真的人，一群唤醒生命的人，一群“发愤忘食，乐以忘忧，不知老之将至”的人。我们在学中觉，在觉中悟。以“先知觉后知，先觉觉后觉”的精神，勇担培养担当民族复兴大任的时代新人的重任。用曾子的一句话来评价他们太合适不过了：“可以托六尺之孤，可以寄百里之命，临大节而不可夺也。君子人与？君子人也。”我有幸能与这样一群人同行，相信追逐教育梦想之路会走得更快更远。

感动

教师节快到了，这两天收到许多信息，粗略地数了一下，竟有几十条之多。9 月 10 日是教师节，也是我赴教育部“双名”工程培训基地——河南大学学习的日子。因没有买到坐票，只好买了站票，在兰州转车。形单影只的我站在动车的走廊里，不一会儿就累得不停地倒腾左右脚。这时电话铃响。电话那头传来含混不清的声音：“张老师，节日快乐！”我立即分辨出是我从前的残障学生马博文的声音。泪水忽然模糊了我的双眼，身体的倦乏顿消，耳畔响起林崇德教授深情的话语“当老师真幸福”。

河大精心设计的课程，理论实践双导师，宽敞整洁的居室，一应俱全的生活用品，让我如沐春雨，如拂春风，心中满满的感动，感谢你为我的生命成长提供了“肥沃的土地”。河南大学，我来啦！像一个山村的孩子来到了神圣的殿堂。你们是我的助梦人。我，一个青藏高原的虔诚学子，愿在你的润泽下由一棵小草成长为一棵大树，为高原的教育天地带去一抹亮色。

行动

从河大回来，每天都不敢懈怠，处于奔跑的状态。不是不知累，而是害怕。害怕稍一停留，我便会停下追梦的脚步，害怕岁月打磨掉我的教育梦想。心中始终牢记习主席说过的话：一个人遇到好老师是人生的幸运……一个民族源源不断涌现出一批又一批好老师则是民族的希望。王阳明说：“立志而圣，则圣矣；立志而贤，则贤矣。”我要说立志而大树，则大树矣。我可能永远都不能成名成家，但我会永远行走在追逐教育梦想、实现自我价值的道路上。

炎炎夏日，我遇见了你

作为教育部名师领航班的学员，按照培训基地河南大学的安排，七月我从西宁赴新疆伊犁察布查尔锡伯自治县去送交材料。从未到过新疆，17 日早晨 10 点半的飞机，经历了取消航班、延迟，一直到接近凌晨才来到了察县。

第二天有八个小时的讲座，教育局派车来接我。白天的察县街道干净整洁，几乎没有什么人。一个小城在蓝天下晒着太阳，静谧安详。车很快来到了察布查尔锡伯自治县初级中学。校园宽阔整洁，一排排穿天杨枝繁叶茂地向空中伸展着，校园里几乎没有人。走到教学楼内，我被眼前的景象惊呆了。从一楼到四楼的教室都是人，跟接我来的老师打听才知道，都是来参加暑期培训的各科教师。他们友好地与我打着招呼，刚到伊犁的一点陌生感很快消失殆尽。

我被安排在四楼大会议室为老师们做讲座。天气炎热，会议室没有空调，两位女教师满头大汗地为我调试风扇和电脑。上午讲的是《统编教材下的阅读教学策略研究》。四个小时的讲座，参加培训的七八十名教师，除了中间休息十五分钟外，没有一个人早退。老师们认真听讲，台上的我汗流浃背，台下的他们飞快地记着笔记。看到前排的一名青年女教师，一边拍照片，一边抄笔记，一边用手抹着额头上的汗水，我心里不忍，对她说：“别忙着抄笔记，听我讲就好了，课件我拷给你。”

下午决定采用讲练结合的方式培训，我认为采用体验式的培训效果会更好些。下午讲解完《写作教学中的困惑和解惑策略》，结合教材上的写作内容，设计了“同课异构”活动，题目是：我最敬佩的一个人。培训老师设计写作教案，二十分钟过去了，每一位老师都拿出了自己的设计。展示交流环节，我先请一位女教师上台展示。她采用了我讲座中的策略即读写结合法，条理清楚地陈述了设计思路和设计依据。她看起来三十多岁，从上台的落落大方到陈述时的自信满满，可以看出一定是个教学骨干。后面又请到了几位老师，他们或引导学生调动积累，或引导学生关注生活，展示了他们独特的设计思路。最后我请到了一位年龄稍大些的女教师上台，她迟疑了一会儿才站起来，拿着她的教学设计走上来。她慢悠悠地对大家说：“我设计的和大家不一样，我的学生有些特殊，他们都是山区的孩子，平时完整地介绍自己或别人都做不到，叫他们写一篇 500 字以上的文章很难办到。”她站在台前不说话了，望着我欲言又止。我赶忙问道：“咱们这里在山区任教的人多吗？”台下有二十多个人举起了手。我有些吃惊，不知说些什么，赶忙请她下去坐。她默默地向座位上走去，我望着她有些落寞、略显苍老的身影，心生敬意，又突然不安起来，觉得对不起她，对不起山区的老师们。整整一天的时间，我光顾着自己讲得尽兴，忽略了他们的感受，忽视了我的讲解是否对每一位老师适用。我对台下的老师们说：“感谢大家的聆听，我今天的讲解不知对大家是否有用？”台下的老师们脸上洋溢着微笑，不少人在点头，我颇有些安慰。接着说：“炎炎夏日，我遇见了你们，相信所有的遇见都是上天最好的安排。你们暑假不辞辛苦地来此培训，我跨越千山万水来到了察县。相遇是缘分，只因我们都是同路人。但行前路，无问西东，只要不忘教育初心，民族、地域、技能都不是问题。”

第三天返程，教育局安排车送我们到机场，才有机会领略沿途风光。一阵香味扑面而来，我好奇地向窗外望去，眼前是一望无际的稻田，空气中弥漫着醉人的稻香味，到了这儿我这才知道察县原来是稻米之乡。骄阳下广袤的稻田和沿途的道路边，大片的树木郁郁葱葱，司机师傅说它们是青杨和速生杨，当地最多的就是各种杨树，这些树很普通，但适应能力超强，生长速度快，它们是伊犁水土的守护神。望着眼前的树，我眼前浮现出一群老师，他们平凡而普通，扎根在伊犁教育的大地上，为了让教育有温度、有厚度，努力让自己生命丰润，滋养繁茂一方土地。

我想我也应该努力塑造生命中最美的自己，术常新而道永恒，才配得上遇见人间最美的风景。

印象河大

初次踏入河南大学是9月，在古色古香的校门前驻足观望，雕梁画栋，青蓝交辉，“明德新民，止于至善”八字校训镌刻其上，足见其文化的厚重。走进校门，一条笔直的道路旁，树木郁郁葱葱。站在绿荫下，头顶是从摇曳的树叶中撒下的碎银般的阳光。道路两旁古朴典雅的民国建筑群吸引了我探寻的目光，那建筑群集北国的苍茫豪放与南国的清雅秀丽于一身。它静默在浅秋微黄的暖阳中，如一幅意境幽远的名画，令我产生无限遐想。空气中氤氲着清新的草木香气，道路上是来来往往的青年学子，他们年轻的身影为这座古老的校园增添了青春的气息。

河南大学的校长，以及文学院、远程与继续教育学院的领导和老师们，再加上文学院的硕士生们，几十人参加了只为我们两个人准备的开班典礼。河大为我们配备了双导师。踏入会议室，我就被这仪式感十足的开班典礼惊到了。我的内心又是感动又是忐忑，在开班仪式发言时，竟难以抑制内心的激动几度哽咽。难以忘怀李伟昉教授的话：“你们要挑战原有的惯性思维，更新既有的教学理念，培养成为学者型教育专家，在教学中起到真正的引领作用。”李桂荣教授说：“我们处于一个国家非常重视教育和教师发展的时代，我们探讨的不仅是个人的成长问题，更承载着国家教师教育发展领航者的任务，希望你们尽快融入学习和生活，学研并重，真正实现从‘师’到‘家’的提升。”

蔡元培说：“大学者，研究高深学问者也。” 接下来每天的上课学习，我得遇诸多的老师，他们亦师亦友。在与他们的学习交流中，我感受到河大人的严谨求实，积极深邃。也是在跟随他们学习的过程中，让我明白学海无涯，在求知路上我的修行才刚刚起步。我如同鱼儿遇到了水，花儿遇到了阳光，河大成为我放飞教育梦想、绽放生命力量的源泉。

平时在单位一直是奔跑的状态，来到河大坐在教室里，静静地聆听专家们的讲座，感到无比幸福。我想：奔跑是生命的一种状态，静下来思考是生命的另一种状态，只有静才能看得见自己的成长，这也是教育部为我们量身定制的培训方式吧。我们不缺实践的经验，缺少的是理论修养和思想的提炼。人需要在忙碌中停下来阅读自己的内心，反思自己的行动，停下来，是为了更好地行走；走出去，是为了更好地归来。在河大的日子里，除了白天在文学院听课，晚上便是写作。为写课题开题报告，查阅书籍资料，苦心孤诣，食不知味，苦思冥想，目不窥园。两眼盯着电脑生痛，内心常常痛苦纠结。偶然翻开微信，同事发来了郊游的图片，电话那头老母亲说想念我了，心中有些不是滋味，摇摇头似乎能将心头的烦恼摇去，屏气凝神再次投入到课题中……

也许有人不理解我，已到这把岁数，为什么还那么拼，因为有些人的不理解，有时我是孤独的。可我不责怪他们，因为他们不懂得我的内心。我凭借着“衣带渐宽终不悔，为伊消得人憔悴”的执着，寻找着教育的真谛，我要学习孔子“发愤忘食，乐以忘忧，不知老之将至”的精神，作为名师就应如切如磋，如琢如磨，只有内心在寒夜中绕得过激流险滩，才能站在万道曙光中。我想所谓成功，定是在别人酣睡时，我们执着前行在风霜雪雨的道路上，既然选择了远方，便风雨兼程。

有你真好

人生能走多远，看与谁同行。回顾我的成长历程，感恩有你——我的助梦人，是你们助力我的成长。

我生命成长的第一位助梦人是于漪老师。那是2008年在江苏太仓，主席台上的于老师身着素色小格衬衫，齐耳短发，面容安详，宛如洁净淡雅的白玉兰花。记得她讲的内容是为《读懂中国——中华传统文化读本》作的序，她文采斐然、清丽典雅的文章让我心生向往。会后挤破了头才来到她身旁，请她为我校文学社题字，她欣然题写了“新叶文学社”五个字。还来不及说感谢，于老师就被几个人护卫着上了车，我唯有望车兴叹。

2015年到上海参加教育部“立德树人”课题会，意外地发现，于老师在会场第一排就座。我欣喜若狂，跑上前去与她交谈。她听说我是青海来的，拉我在旁边的座位坐下，详细地询问青海的教育情况。她一边专注地听一边说：“你们真不容易，真不容易……”与大师面对面，我却没有陌生和距离感，感受到的是春风般的温暖、春雨般的滋润。那天上午我一直蹭在第二排，唯愿能有机会多向“女神”请教。会后于老师问我要了电话号码。第二天有人联系我，原来于老师派人送给我一套她的著作。翻开封面，每一本都写着“送给晓慧老师”，抚摸着于老师的签名，我的眼眶湿润了。

如果不是拥有教育情怀的人，怎么会在意一个来自西北高原的小老师呢？“高山仰止，景行行止，虽不能至，然心向往之。”自此，我成了于老师的铁杆粉丝。做教师应“胸中有书，目中有人”，“一辈子做教师，一辈子学做教师”，她是这样做的，我也学她做。感恩于老师，你引领我走向了语文教育的广阔天地。

我的第二个助梦人当属顾之川老师。第一次见到顾老师是2018年在河南大学，聆听了他两个小时的讲座后，河大文学院的杨亮老师安排我们与顾老师交流。难得遇到语文界的大咖，没几句话，我就迫不及待地拿出自己工作室编写的统编初中语文教材课外读本《书香满园》，请他给予指点。他详细询问我们编书的目的，耐心听我诉说工作室开展群文阅读和整本书阅读的情况，听到工作室成员为了开发课程，三年里海量阅读，他频频点头说：“要教好阅读。教师的阅读和专业发展是关键。”我指着读本上师生同题作文板块，讲述工作室《阅读和写作一体化教学》中的“五个一体”，他饶有兴趣地翻阅着说：“阅读和写作教学要认真解读课标，都应聚焦语文核心素养……”在送顾老师回宾馆的路上，我们边走边聊，顾老师叮嘱道：“2019年秋季统编语文教材将在全国所有年级覆盖，语文科目的学习阅读与表达并重，你们已经行动起来了，这是好事……”听到他如此说，我开心极了，更加坚定了依托读本开展阅读和写作教学的信心。接下来的一段时间，他微信给我发了许多有关语文教学的文章，我如同干渴的庄稼遇到了甘霖，迅速成长。回到西宁的一天，接到一个快递，打开包裹，是顾老师寄给我的12本阅读读本。手里捧着沉甸甸的书，心里是满满的感动，脑海里闪现出顾老师慈眉善目、精神矍铄的形象。

一个每日忙碌地行走在传播语文教育真谛道路上的行者，竟然惦念着我这么一个平凡的老师。“动人以言者，其感不深；动人以行者，其应必速。”感恩顾老师，你让我坚定了探索语文教育的步伐。

第三个助梦人那就是“河南大学”啦。说是一个人似乎不准确，因为人太多了。我以教育部名师领航工程学员的身份来到培训基地——河南大学。本以为大学教授们一定是清高难处的，没想到一踏入河大，上至校长、院长，下至教授们，人人敦厚温善，让我毫无初到异地的陌生感，他们亲切得就像我久违的兄长和小弟。

来河南大学前自我感觉良好，觉得自己已达到了一定的高度，在跟随教授们的学习中，我才知道自己的修行才刚刚起步。“学然后知不足”，的确如此，我每天心无旁骛，手不释卷，面对他们仍觉得自己浅薄。他们学识渊博，潜心研究，著作等身，却谦虚内敛。记得在我的课题开题会上，十几位教授或委婉指出不足，或直言问题所在，也是经过了这样的过程，我才知道学术研究的规范和严谨；记得江西、郑州、开封的论坛上，一个又一个论题促使我思考语文教育的本质；记得在郑州、新疆的讲学中，我开阔了视野，锻炼了能力，加速了成长。

如果没有河南大学，我可能还自以为是，沾沾自喜；如果没有河大，我可能不会付出更多的行动而安于现状；如果没有河大，我可能不会深刻理解“大学之道，在明明德，在亲民，在止于至善。”感恩河大，你为我插上了追逐教育梦想的翅膀。

和有情怀的人在一起，我不会低俗；和行者在一起，我不会止步；和智者同行，我不会平庸；与你们为伍，我定要登上高峰。有你真好！

春天的色彩

曾为人民街上的一株碧桃满树的繁华写过文章，今天我又见到了它。

朔风凛冽，它孑然立在街边。身旁是肮脏的垃圾车和凌乱的修鞋摊，身后斑驳的旧楼为它平添了岁月的沧桑。它仍固执地撑着一把伞，灰褐色的枝条纵横交错，宛如伞的骨架，它倚着墙斜伸向空中。朔风中行人裹衣缩颈匆匆而过，独它在风中婆娑起舞。风儿吹过，它又静默地伫立在肃飒飒的寒气中。

我驻足观望，不仅浮想联翩，脑海中浮现出它春天傲人的芳姿。枝条上密密麻麻挤满了粉色的花朵。由于枝条交错，不见其发端，一棵树俨然一把巨大的花伞，灿若晚霞。它成了这条街上最靓丽的风景，引得路人停下脚步，啧啧称赞。

轻轻拨弄它的枝条，柔韧有力，树枝上布满了米粒般大小、或直或微微弯曲的黑褐色的芽苞。像一个个抱着头、勾着身子的小精灵，在枝条上静候着春天的到来。你是梦乡中花的精魂吗？你是在瑟缩地做梦吗？一定是梦见了春天迷人的色彩了，才会不惧风霜雪雨，努力积蓄力量执着生长。

忽而想起纪伯伦的《花之歌》：“我在原野上摇曳，使原野的风光更加旖旎；我在清风中呼吸，使清风更加芬芳馥郁。”“我总是仰望高空，对光明心驰神往；我从不顾影自怜，也不孤芳自赏。”

一朵花的姿态是“总是仰望高空”，一朵花的向往是“对光明心驰神往”。我的视线再次聚焦碧桃树，似乎读懂了花语：春花是冬梦的绽放。

我感觉内心深处也摇曳着一朵花，坚信只要我们心中有阳光，人生总会晴朗;只要我们心中有春天，人生一定有色彩。

高原“夕阳”无限美

傍晚，太阳斜挂在天空，散发出温和的光芒，微风拂过脸颊感到丝丝凉意。广场上正在锻炼的老人们，脸上安详的微笑，如黄昏时的夕阳一般静美。

广场西边，几位已是满头银发的大爷、大妈，一袭白衣，在晚风的吹拂下衣袂飘飘，正和着清幽舒缓的音乐在练太极。他们气定神闲、微闭双眼、表情祥和；伴着轻柔舒缓的音乐，稳扎马步、慢慢抬手、弧形移步、举掌推手、用力蹬步；一会儿如白鹤亮翅，一会儿又手挥琵琶……身体松弛却柔韧，动作轻柔却有力。夕阳的余晖静静地照在他们身上，更增添了静谧美。我出神地望着他们，围观的人也都静静地观赏着，仿佛一出声便会打碎这唯美的境界。

高原“夕阳”无限美，太极神韵惹人羡。

不远处响起了藏族歌曲，漫步过去，发现在广场中央有一群人在围着一个大音箱在跳锅庄。他们围成内外两个圈，按照顺时针行进着。内圈是一些女子，动作明快活泼；外圈是男子，动作粗犷豪放。舞者大多是老年人，他们和着欢快、奔放、富有节奏感的音乐舞动着。甩手踏步、颔首扬臂、侧身拧腰、摇摆点步。他们伸展双臂如雄鹰盘旋奋飞，奔放的舞姿释放着生活的喜悦和快乐。我惊异于他们动作的整齐划一，更惊异于他们身上迸发的生命活力。半个多小时过去了，锅庄队伍越来越壮大，广场上弥漫着欢乐的气氛，我忍不住也加入了他们的行列。

高原“夕阳”无限美，舞影婆娑惹人爱。

听见广场的东北角有鼓和小号的声音。哦，原来是老年合唱团又开始演唱了。远远传来《我和我的祖国》温柔细腻的旋律。走上前去，看到有上百人或凭或立，每个人都沉浸在音乐中，流动的音符与心弦奏响共鸣，泛起阵阵涟漪。人们手捧歌本伴着音乐动情歌唱，歌声在空中飞扬。“我和我的祖国，一刻也不能分割……”深情的歌声抒发着中华儿女对祖国的眷恋。“我最亲爱的祖国，我永远紧贴着你的心窝……”高亢嘹亮的歌声响彻云霄，我被歌声中传达的炽热之情所感染，不禁激动得热泪盈眶。

高原“夕阳”无限美，歌声悠扬惹人醉。

听着清幽的太极音乐，奔放的藏族歌曲，深情的《我和我的祖国》；看着夕阳下被镀上金色的、充满活力的身影，情不自禁地赞叹——高原的“夕阳”真美！

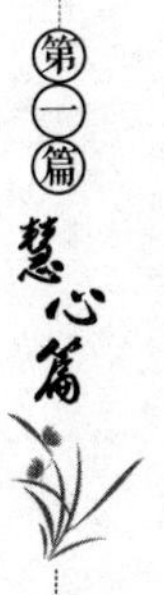

爱是教育的润滑剂

爱心是每一位合格的教师必备的，爱最宝贵的形式是自我牺牲。作为班主任，既要当严师，又要当慈母，从生活、学习的细微处关心每一个学生，用自己的真诚赢得学生们的好评，用自我牺牲的精神赢得学生们的尊重。

我所教的初三（5）班有一名女生叫李妍，这个学生父母双亡，与奶奶相依为命，已十六岁。上学前在外给人当保姆，受尽苦难，经救助后在我班上学习。初一刚入校时，因为这个孩子只上过两年小学，加上年龄已大，又来自农村，而且因为特殊的经历，整天郁郁寡欢，十分内向。我就担负起“妈妈老师”的职责，学习上手把手的一字一句教起，抽空给她背单词，得知她数学有问题就及时与数学老师取得联系，和任课老师一同抓她的学习。作为班主任知道学生经济困难，就尽量在生活上帮助她。我不仅在学习和生活上帮助她，还关注李妍的思想教育，为了帮助她克服自卑心理，树立自信，多次找她谈话，进行面对面地交流，了解她的思想动态，还利用作业本上的批语和她对话，写上鼓励她的话，如：“挫折磨难是锻炼意志增加能力的好机会”，“你很美，尤其是充满自信的时候更美”。在我的鼓励和呵护下，李妍脸上终于有了笑容，消除了自卑心理，增强了自信心，学习积极性不断提高，成绩由刚入校时全班倒数提高到中等水平，并担任了班级的卫生委员，工作的热情也很高，生活态度变得积极乐观了。有一次我到外地开会八九天，那天早晨刚上班，在走廊上遇见来上学的她，腼腆的她一见到我喊道："张老师，你终于回来了。"我吃惊地问："怎么了？有什么事吗？"她赶忙摇头小声地说："没有，我就是挺想你的。"说这话时，她的眼里闪着泪光，只这一句话，触动了我心底最柔软的部分，心中萌发了更强烈的爱意，更加喜爱我的学生们了。

2005届的初三(9)班有一名男同学叫陈冬，因父母离异后又各自组成了新家，孩子无法面对这个现实，与父母反目成仇。有一次与父亲、后母之间发生矛盾，一时冲动，竟拿着菜刀要杀人，在接到陈冬父亲的电话后，我及时赶到，苦口婆心地耐心说服才没有发生意外，但从此这个孩子白天上学、晚上失踪。我和陈冬爸爸挨个网吧寻找，终于找到面色黝黑、浑身肮脏的他，看到自己的学生成了这副模样，我难过地流下了眼泪。孩子说什么也不愿回家，考虑到还有一个多月就要中考，我说："那就住到老师家去如何？"陈冬爸爸默默地流着眼泪，无奈地望着面前别着头的儿子，不知如何是好。陈冬倔强地站着，一言不发。僵持了一段时间，我看问题没法解决，决定打发陈冬爸爸先回去。陈冬爸爸一步三回头地离开了。幸运的是陈冬还比较听我的话，我带着陈冬往家里走去，一路上和他聊天，我讲到自己上高中时，无意间做了一件伤害妈妈让我至今懊悔的事，他一声不吭地听着。到了楼下，陈冬忽然说："张老师，我还是回家吧。"我担心他又跑了，一把抓住他的衣袖。他说："张老师，你放心，我不跑，一定回家，说话算话，中考前我保证安心学习，不让你担心。"从此，陈冬发愤学习，最终顺利考上了重点中学——西宁五中。

用爱心引领着一个个迷失的灵魂从黑暗走向光明，我对爱心的解释是：自我奉献，自我牺牲。

班级管理的“柔术”

我在班级管理时采用的是“柔术”。柔其实并不是软弱，而是一种管理艺术，这个管理艺术其实就是爱和尊重，它能拉近师生的距离，消除师生之间的隔阂，在班级管理和学生教育中往往能起到意想不到的作用。

我班上有个学生叫刘林，在家里是个小霸王，脾气极大。有一天早晨他迟到了，他报告也不喊，摇摇晃晃地就往教室里闯。我训斥道：“刘林，你迟到了报告也不知道喊吗？以后迟到了不喊报告不许进教室。”他从同桌身后挤到座位上，用力把书包摔在课桌上，发出很大的响声。同学们都惊愕地看着我们。我的火腾地一下蹿到了头顶，刚想严厉地批评他，心里一个声音在提醒我要冷静、淡定。我看着他面无表情地说：“你到教室门口站一会儿，想好了再进来。”他看也不看我，不屑地晃了出去。

刘林站在门口东张西望，一副满不在乎的神情。我不理会他，开始上早读。教室里，同学们在齐声朗读课文，我虽然表面上看也不看他一眼，但眼角的余光一直关注他的一举一动。过了十几分钟，他逐渐安静了，蔫头耷脑地站在那里。我走到门口问：“想回教室吗？如果想进来，就喊报告。”他犹豫了一下，我不等他回答就转身走到讲台。“报告”，身后传来刘林的声音。我转身望向他，只见他面红耳赤地站在教室门口，我点点头，示意他回到座位。他到座位上轻手轻脚地把书包塞到桌洞里，拿出语文书与其他同学一起读起了课文。

面对学生的不敬，我采用以静制动，以冷制热的办法，这样处理既避免了老师的失态，又巧妙地教育了学生。

我中途接任初三（5）班的班主任，这个班有一个男生组成的小团体，一起干坏事，在学校影响很不好。他们最爱干的事是看哪个学生不顺眼，就跟着他，然后从后面用一件衣服蒙住他的头，大家一拥而上对其拳打脚踢，最后一哄而散。我接班不久就遇到这种情况，因为被打的学生头被蒙住了，只知道是我班的学生，具体是谁却说不清。我大概知道是哪些人，但没有一个人承认，当时学校没有监控，最后只能在班上集体批评，没有什么教育效果。我下定决心要解决这个问题。

我发现这个小团体并不是无懈可击，里面大部分孩子本性不坏，只是长期不被老师重视迷失了自己。有一天刘琴和杨帆在教室里吵成一团，因为杨帆对着刘琴说脏话时带上了“你妈”，刘琴不干了，觉得侮辱了他的妈妈，要和杨帆打架。放学后我把两人带到办公室，我先让杨帆站在办公室的外面，向刘琴询问事情的细节。刘琴气哼哼地站在我面前，我问：“为什么要打架呀？”他咬着嘴唇不吭声。我说：“听同学们说杨帆骂你妈妈了？”他还是不吭声。我接着说：“如果是这个原因的话，我觉得你生气是对的，没有哪个人能忍受别人侮辱自己的妈妈，这一点老师要表扬你，你是一个孝顺的孩子，妈妈没白疼你。”刚说到这里，没想到刘琴转过身去偷偷抹起了眼泪。随后，我们的谈话变得通畅起来，我因势利导，和他谈学习和生活。我发现刘琴这个孩子很敏感，原来他妈妈是名清洁工，但他很爱自己的妈妈。我叫门外的杨帆进来，让他给刘琴赔礼道歉，也顺便教育杨帆平时不可以说脏话，每个人都要敬重自己的妈妈，同时指出发生矛盾用武力解决问题的方式是错误的。也是他们无意间透露的一些话，让我逐渐了解到一些先前不知道的情况，找到解决问题的突破口。后来班里发生问题时我冷静处理，采用“柔术”，我软磨硬泡，恩威并施，终于找到他们的“头儿”并将他们各个击破，小团体最终土崩瓦解。

我认为做学生工作要有耐心，班主任始终应保持睿智的头脑，抓住教育契机，讲究管理的“柔术”。面对突发事件，事发时宜冷不宜热，事发后宜静不宜动，处理时宜深不宜浅。

当然我的这些方法并不是每个班主任都适用，因为每个班的情况不同，学生的情况也不尽相同，还需要灵活处理。

创新意识优化班级管理

教师应与时俱进，勇于探索创新，一味因循守旧，不接受新事物，就会跟不上时代的步伐。因为社会发展日新月异，只凭经验和一腔热情，是不能实现素质教育的。所以我们需要插上传承和创新这对翅膀，才能在教育的蓝天下自由翱翔。于是我在班级管理和德育工作中努力创新，具体的做法是：

一、利用班级接力日记进行班级管理和学生德育教育

班级接力日记对班主任做好班级管理帮助很大，它既为学生进行自我教育提供了依据，又为班主任和任课教师及时了解学生的学习、生活等各方面情况，及时对学生进行思想品德教育，解决班上存在的问题提供帮助，为搞好班级工作提供了第一手材料，是班主任做好班级工作的得力助手。

每天的日记我会利用早读时间进行宣读，我带领全体学生针对所记内容进行分析，引导学生辨别是非，然后利用班会以“一周一统计，一月一表彰”的形式进行总结并予以奖励，这种方法激发了学生自我管理和参与班级管理的激情。为了激发学生们的写作热情，我也加入到“班级接力日记”活动中去，我会在十天左右写一篇日记附在当天学生日记的后面。

下面是学生和我的日记片段：

“哎，今天又挨批了，我怎么上课老是管不住嘴，同桌回答问题时我又接话茬了，惹得同学们一阵哄笑，老师气得冲我瞪圆了眼，吓得我赶紧把头埋在了书中。我不但打扰了老师正常的教学，而且我的话游离在课堂知识之外，于人于己都不好，我的自我控制能力太差了。常说细节决定成败，从今天开始，我一定努力改正这个毛病，请老师和同学们监督我。”

——刘海龙

“我今天才知道什么叫快乐，看着试卷上的98分，我激动得偷偷流下了眼泪。回想上半年，我荒废了太多的时间，实在太可惜了。为了我老师磨破了嘴，妈妈流干了泪，幸亏我及时回头，经过努力我终于明白张老师的话，‘春播一升谷，秋收万斗粮’，有付出才会有收获。”

——霍秋霞

“近两天，听英语和数学老师反映课堂反应差，作业质量下降。听到这些消息，我心情十分沉重，我要找出问题的根源。经过调查才知道刚月考完的你们太累了，而我又疏忽了你们的思想状态，引导教育不够，看着你们疲惫的样子，老师们又着急又心疼，下午上课前数学老师不顾课程的紧张，让你们趴在课桌上睡五分钟；英语老师采用轻松活泼的方式教学，唤起你们上课的热情。我认为，扬帆的船儿在港湾的休憩调整是为了下一次更远的航行，我希望你们振作起来，在旭日东升时起航，朝着自己的人生目标前进。”

——张晓慧

班级接力日记就像是洞察心灵的一扇窗口，它是集体成长的真实记录，它促成了对学生的思想教育，它记录了激情燃烧的岁月，留下了如歌的回忆。

二、及时赠送一句话胜过千言万语

我是一名语文教师，在语文教学中，结合班级动态，及时赠送一句话，既增强了语言积累，又进行了品德教育，还能收到事半功倍的效果。

例如初三后，发现班级有的同学出现早恋现象，这是个敏感的问题，解决起来又很棘手，刚好初三语文教材中有一个单元是以歌颂爱情为主题的，我在教学中就赠送给孩子们一句话：“人生也是有季节的，在播种的时候收获，收获的将是一片苦涩。”叫他们记下来并背熟。初三的考试多了，有些同学自暴自弃，在教学中有一个单元主题是：“微笑面对生活”，这时就适时地送给他们诺贝尔的一句话："生命，是大自然付给人类去雕琢的宝石。"鼓励他们树立自信，努力拼搏。学生对这种德育教育方式很新鲜不排斥，这比空洞的说教收效好。当然光凭一句话不能一劳永逸，还需在平时做大量的细致的工作。

三、用快乐的音乐班会进行德育教育

现在的学生追崇时尚，追星现象比较普遍，对传统的班会形式不感兴趣，为此我设计了音乐班会。先精心选择词曲优美的歌曲，例如羽泉的《奔跑》，郑智化的《水手》，周杰伦的《蜗牛》，张韶涵的《隐形的翅膀》等。以唱歌的形式开班会，培养学生的审美情趣，具体实施步骤是：（1）赏歌曲。（2）唱歌曲。（3）品词曲。（4）说感悟。利用这种形式开班会对学生进行思想品德教育，形式活泼，学生容易接受，用这种形式潜移默化地影响和改变学生的思想。

四、用心撰写评语激励学生进步

每一个学生的性格不同，心理承受能力不同，针对每一个学生的特点，做一个洋溢着浓重的人文色彩的学期鉴定，也不失为一个极好的进行德育教育的好机会。我改变以往评价学生千人一面的模式和问题生全是批评否定的评语，在学期评语中渗透人文色彩和人文关怀。每学期我都在评语中针对每个学生的情况送他一句话，激励学生进步。

例如，给潜力没有发挥出来的学生的鉴定是："冰山，是三分在水上，七分在水下，你呢？三分光芒在外，七分潜质于内。在我眼中，你将来是个人才。"

再如，学生勤奋不够，给学生的鉴定是："这是个崇尚个性的时代，你便是这个时代中有头脑、有个性、有真性情的人。这是你的财富，若要将财富变为资本，勤奋是必不可少的。"

学生比较自私，不爱帮助别人，给他的鉴定是："送他人一片枫叶，你会收获一片枫林；送他人一片雪花，你会收获一个银色的世界；送他人一缕春风，你会收获整个春天。"

给不爱学习的学生的评语是："地不耕种，再肥沃也会颗粒无收，人不学习，再聪明也会目不识丁。老师盼望你成为一名热爱学习、成绩优秀的好学生。"

在撰写评语时，让我们重温陶行知先生的这句话："真教育是心心相印的活动，唯独从心里发出来，才能打动心灵的深处。"班主任一定要用心写好每一位学生的评语，好的评语是孩子们健康成长的催化剂。

让音乐与感恩同行
——记音乐班会《感恩的心》

现在的学生对经典“敬而远之”，对流行文化“趋之若鹜”，我选择流行歌曲作为突破口，编写了班级音乐教材《乘着音乐的翅膀》，发挥歌曲在班级管理和语文教学中的作用。课堂内外利用唱歌这一艺术形式对学生进行思想和情感教育等。这样的教育方式，可以让学生在不知不觉中陶冶情操，净化心灵，用这样的教育形式比教条式的说教更能起到润物无声的效果。

学生对传统的说教型的班会形式不感兴趣，为此我设计了音乐班会《感恩的心》，利用班级教材，以唱歌的形式开班会，既对学生进行了思想教育，又培养了学生的审美情趣。用这种活泼的班会形式潜移默化地影响和改变学生的思想，提高学生的审美情趣，培养学生良好的意志品质。

《感恩的心》主题班会设计

青海省西宁市第一中学　张晓慧

活动目的：

现在有一部分学生患有“情感冷漠症”，对父母之恩熟视无睹者有之，麻木不仁者有之，贪得无厌者有之，以怨报德者有之。对父母无情无义的人，对师长、集体也不会有情有义。因此通过本次班会，希望能唤醒学生的感恩之心，培养学生健全的人格，让他们懂得生活中不应只是索取享受，更应付出回报。

活动准备：

1. 请父母为孩子写一封信

2. 请同学们选择自己喜欢的方式给父母一份惊喜

3. 歌曲《母亲》《感恩的心》及手语

活动过程：

1. 欣赏一首歌

主持人开场白：“滴水之恩，涌泉相报”，中国绵延多年的古老成语告诉我们要有感恩之心，但严峻的现实是，现在不少中学生令人遗憾地成了不会感恩，只知道索取的“冷漠一代”，因此我们举行这次以“感恩的心”为主题的班会，希望同学们以此为契机，学会感恩，用刻苦学习来回报父母、老师和社会。

首先，我们来欣赏一首由阎维文演唱的《母亲》。

主持人问：我想问同学们这首歌好听吗？喜欢吗？那能说说你喜欢的理由吗？

学生品歌：旋律柔美舒缓。演唱者声情并茂，感情真挚。词作者用朴实无华的语言，表达了心中对母亲深深的爱。

现在就让我们充满感情一起来唱响这首动人的歌。

主持人：每当听到这首歌，我都有一种想哭的冲动，因为它触动了我心底最柔软的部分，让我感受到爱的温情，看到屏幕上一个个画面，仿佛那就是我们和妈妈刚刚发生的故事。

2. 聆听一封信

主持人：其实父母对孩子的爱远远不是我们所了解的，这儿有一封妈妈写给女儿的信，让我们听一听母亲对孩子深沉的爱。（老师念信）

学生：真是感人肺腑。

主持人：“羊有跪乳之情，鸦有反哺之义”，我们不应只是享受索取，而应感恩回报。

3. 诉说一份情

主持人：昨天老师布置了一个作业，要同学们用自己最喜欢的方式给爸妈送一份惊喜，并且要在礼物上写上自己最想给爸爸妈妈说的话，我请几位同学说一

说你们的礼物是什么？能念念你写的话吗？（4—6人发言）

主持人：其实回报父母的方式很简单，在父母劳累时递上一杯热茶，父母生日时送上一张贺卡，父母失落时送去一番安慰，回报不一定是物质上的，更多的应是精神和情感上的。

4. 学习一些榜样

主持人：我们的榜样：古有王祥《卧冰求鲤》、周得闻《割股疗亲》、子路借米孝敬父母、小黄香寒冷冬天用自己的身体暖席子。今有朱德总司令亲自为妈妈洗脚、陈毅给瘫痪在床的母亲洗尿裤、田世国捐肾救母亲、王锐兄弟拉“房车”载八旬老母游全国。他们都拥有美好的心理品质——感恩，心里都常怀有一颗感恩的心。

5. 培养一种态度

主持人：的确，我们应用一颗感恩的心来感谢父母，请同学们再思考一下，生活中我们还应感谢什么？（请5—6位同学发言）

学生：海伦凯勒在她的回信中感谢上天给予她的不幸，因为正是不幸使她比常人更加坚强，更加不屈不挠，奇迹般地成为一名伟大的文学家，所以我们应感恩逆境。

对大自然心存感恩，它无私地给予我们一切生命的源泉；

对父母心存感恩，他们给予我们生命，让我们健康成长；

对老师心存感恩，他们给予我们教诲，让我们抛却愚昧；

对朋友心存感恩，他们给予我们友爱，让我们在孤寂无助时可以倾诉和依赖；

对兄弟姐妹心存感恩，因为他们让我们在这尘世间不再孤单，让我们血脉相连。

感谢曾帮助过我们的人，因为他们用暖暖的心灯让我们发现生命是如此丰厚而富有；感谢接受我们帮助的人，因为他们用淡淡的柔弱让我们可以把这份善良延续；感恩伤害你的人，因为他磨炼了你的心志；感谢挫折、逆境、不幸，因为它让你更坚强，更不屈不挠；

感谢伟大的祖国、感谢温暖的集体、感谢和谐的社会……

主持人结束语：感恩是一种文明，是一种素质，是一种品质，是一种生活态度，是一种处世哲学。人有了感恩之心，人与人、人与自然、人与社会也会变得更加和谐，更加亲切，我们自身也会因为这种感恩心理的存在而变得愉快健康起来，生命将得到滋润。

教师结束语：感恩是一个人做人最基本的道德准则，感恩是一种生活态度，感恩是一种处世哲学。无论生活还是生命都需要感恩，因为感恩可以消除内心的所有积怨，感恩可以涤荡时间的一切尘埃，让感恩走进我们每个人的心灵吧，怀抱感恩之心，生命之花会更加绚烂。

6. 同唱一首歌曲

让我们同唱一首歌，表达我们感恩的心，五班同学起立，也请会场的老师和同学和我们一起唱吧！

师生齐唱《感恩的心》，班主任在台上领唱和手语，学生边唱边表演手语。

这是我在全校展示的一节主题班会，班会在我酝酿的浓浓的感恩气氛中进行，优美的歌声让孩子们的心很快沉静下来。

班会有六个环节——“欣赏一首歌、聆听一封信、诉说一份情、学习一些榜样、培养一种态度、同唱一首歌曲”。班会以歌促情，以情带动，以活动贯穿始终。班会表现形式多样，有优美的歌曲、有动情的书信、有诚挚的祝福卡片、有生动的故事、有理性的思考、有动人的演唱……我把感恩主题设计成任务驱动，引领学生从概念认知提升到情感体验，活动设计充分考虑到学生的认知规律。

特别是老师读郭瑶妈妈写给孩子的书信时，在场的老师和同学们都流下了感动的眼泪，郭瑶更是泣不成声。同学们对爸妈的祝福，将班会的气氛推向了高潮，学生们展示了自己给父母的祝福，更展示了他们的内心丰富的一面。从学生们平凡朴素的语言中，我们感受到了这些学生内心的激动，生活中一向不爱向父母表达感谢的学生们，都纷纷表达了对爸妈的感恩之情。刘裕尧、李晓琪等更是在念到祝福语时声音颤抖，激动地说不出话来。这个场面使在座的老师同学为之感动，心灵仿佛也受到了一种震撼。

本次班会不仅让同学们懂得父母付出的艰辛，学会理解他们，体谅他们，加强了同学们的感恩意识，能够设身处地地为父母着想，感恩父母的养育之恩。学会回报，帮他们做家务小事或者在平常的日子送上一句贴心的话语。懂得感恩不只是口头，更重要在于行动。

这次班会让同学们的思想认识又上升了一个台阶。认识到除了要感恩父母，还应感恩老师、朋友、兄弟姐妹，因为他们用暖暖的心灯让我们发现生命是如此丰厚而富有；感恩大自然，它无私地给予我们一切生命的源泉；感恩伤害你的人，他磨炼了你的心志；感恩挫折、逆境、不幸，它让你更坚强，更不屈不挠；感谢伟大的祖国、感谢温暖的集体、感谢和谐的社会……学生在班会课中接受思想教育，完成感情的升华。

班会结束时，我做了总结，给学生一个温馨的提示、一个正确的指引、一个温暖的祝福。

班主任要有豁达的胸怀

林则徐说："海纳百川，有容乃大；壁立千仞，无欲则刚。"做人要有"海纳百川"的胸怀和"壁立千仞"的刚直。要想做一名新时期合格的班主任，我认为更应该拥有豁达的胸怀，这是完成教书育人使命的需要。

我多次接任一些问题班的班主任和语文教学工作。刚开始时，我也曾头皮发麻、心生恐惧，埋怨学校领导为什么将我这么好脾气的人安排到这种班上，但当我不得不面对的时候，心中便坚定了信念：我一定会不负众望。

2005 年 9 月，我中途接任初三（5）班的班主任及语文教学工作。这个班课堂纪律涣散，任课教师无法正常上课；学生行为习惯差，不懂得尊重人；班级学习风气不正，学生没有上进心，除英语外，各门功课在全年级均是倒数；更为严重的是这个班的学生大多是单亲家庭，和家长、老师的抵触情绪很大，经常顶撞老师，因此任课教师在课堂上均有被学生气哭的经历。我刚接任这个班第三天，学生就给我一个下马威。那天，下午第一节课，刚进教室不久，我在黑板旁的电视机框上发现上面写着侮辱我的两句话，虽然接班前对这个班的情况有所耳闻，也有所准备，但眼前的情况是我没预料到的。我心里一再告诉自己不能在学生面前哭泣和大发雷霆，要不然就会中了他们的计，于是表现出外柔内刚的个性，以豁达宽容的态度处理这件事。那天学生们睁大眼睛看着我的表现，我先询问学生有没有人看见是谁写的，看到无人承认，心里虽然特别生气，但脸上装作若无其事的样子，让学生擦掉便开始上课，下课后回到办公室我的泪水夺眶而出。课堂上我的冷静出乎学生们的意料，也让学生对我另眼相看。事后我细心调查，逐个找学生谈话，了解他们的内心世界，试着帮他们调整心态，努力和学生做朋友，用自己的爱心来感化学生，一个多月后我查出了事实真相。这件事是由十几个学生联合所为，带头的学生叫霍强。慢慢地学生们了解了我，都对自己当初的行为懊悔不已，霍强还给我写了一封长长的道歉信。最终我以教师豁达的胸怀原谅了他们。我在班级管理时，不采取训斥、驱赶、谩骂等简单粗暴的教育方法，而是科学合理地引导，正确疏导了学生的逆反心理。经过耐心的教育，学生的行为习惯变好了，学习态度发生了改变，我用亲和力、责任心和爱心改变了这个班的班风。在我和全体任课教师的共同努力下，这个班在2006年的中考中，取得优异的升学成绩。

我于2001年接手的初三（9）班也属于问题班，这个班的前班主任意外去世，数学老师一年换了四个，我是这个班的语文老师，无奈地接受了接替班主任的任务。刚接上班没几天就是期中考试，成绩非常差。周五召开家长会，走进教室，只见有十几名家长围在一起议论着什么。家长会开始了，台下一名家长站了起来，情绪激动地喊道："这是什么鬼学校？有这么安排老师的吗？我们的孩子怎么参加中考？"其他家长也跟着喊起来，有一个家长喊道："走，找校长去！"我连忙大声说："请各位家长坐下来好吗？大家看在我是任课教师的份上先安静下来好吗？"我说："大家的心情我十分理解，但咱们先静下来分析分析现在的问题，这个班遇到的意外是谁也不愿意看到的，你们要去找校长，目的是解决问题，如果带着这么大的情绪去，不利于解决问题。我是这个班的语文老师，学校将班主任工作交到我的手里，请各位家长给我一些时间，相信我，相信在学校老师、各位家长和孩子的配合下，我们班一定能走出困境。关于数学老师更换频繁的问题，学校已经在想办法解决这个问题。"最终，家长们半信半疑地离开了教室。

接下来是学生的问题，孩子们失去了敬爱的班主任，感觉被学校和老师抛弃了，集体出现消极懈怠的情绪。上课死气沉沉，躺倒一片。我站在讲台上，望着他们，心里又难过又生气。晚上辗转反侧，难以入眠。我想治病须治根，要想转变孩子们的学习态度，关键是调节好孩子们的心理状态。自此，我把教室当成家，把学生当自己的孩子，时刻陪伴在学生的身边，让学生感受到学校和老师对他们的重视。我变着花样设计班级活动，召开主题班会，对“学困生”循循善诱，对问题生恩威并重，对懈怠的孩子激励教育，对自负的孩子指出问题，分批召开家长会，家校联动。在全体任课教师家长的共同努力下，这个班在中考中同样取得了很好的成绩。

因为我经常中途接替班主任工作，所以被学校老师戏称为“救火队员”，我也很乐意接受这个称号。我不论面对什么样的学生，都会用豁达的胸怀去接纳他们；我牢记陶行知先生的一句话：“捧着一颗心来，不带半根草去。”每名教师只要怀着这样的赤子之心，就一定会成为优秀的教育工作者。

班级接力日记

许多班主任在学生面前是一脸严肃、不苟言笑的，即使有些班主任和学生的关系比较密切，但学生对班主任老师还是有一定的戒备心理。我利用班级接力日记进行班级管理，在我的引导下，学生会把平时说不出口的悄悄话或不敢说的话在日记中写出来。经过一个学期的尝试，收效极好。

首先，我利用班级接力日记进行班级管理。

班主任工作千头万绪，如果仅凭班主任一个人来管理班级，会身心疲惫，收效不一定好。况且，每当班级出现问题时，往往是学生都知道了，班主任还不一定察觉。当产生一定影响时，老师才知道。为此，我可以在学生的班级日记中发现苗头，未雨绸缪，将问题“扼杀在摇篮中”。

如初一下半学期在日记中了解到有一些男生迷上网络游戏，于是召开了“上网利弊谈”辩论会。学生们通过辩论，明白在网络游戏上获得的体验都是虚拟的，或许打游戏的高超技巧可以令人羡慕，但除此之外，网络游戏中获得的感受都是不现实的，无法在现实生活中重现，无法取代现实生活，沉迷其中只会让身心受到伤害。

再如学生在日记中反映班里男生有抽烟现象，便召开“吸烟有害健康”主题班会，让抽烟的学生查资料，使学生认识到吸烟的危害。

用这样的方式管理班级，少了说教，多了引导，班级问题迎刃而解了，师生之间的关系融洽了。

其次，我还尝试用“班级接力日记”走进学生的内心。

接力日记就是一人记一天，轮流往下传的日记。全班学生每人一天，轮流往下传，从而使每个学生都成为班级中不可或缺的一分子。日记中留下的是学生一天的经历和感受，学生们在日记中说真话，谈感悟，思想的花朵在这里开放。

下面是几个学生的日记。

2008年10月13日 星期一 晴

步入初三的我们从懵懂走向了成熟，每个人的心里都明白，初三是决定我们人生的重要一年，要在心里拼命追赶自己的目标。大多数同学知道初三的重要性，在课间也不忘努力。李晓曦的课间是背会一首词，苏珊的课间是练习一道数学题，最让人佩服的是曹亚飞。曹亚飞本身的英语底子薄，但是刘老师讲的每单元的重点词组、语法，他都会画在书上、记在本子上。课后他就会找周围的同学帮他翻译。他看着同学认真热心地帮助自己，他也目不转睛地盯着本子，虽然这对他来说有些难，但他依然专注努力地学着。有时他会莫名其妙地说一句连外星人也无法解读的话，使周围人大笑，但他之后依然会一本正经地说一句：“帮忙快翻译呀，我还要背呢……”以前我认识的那个曹亚飞，经历了一个假期也学会了努力。他这一举动让我明白，其实谁都想进步，每个人都想成功。努力了不一定成功，但不努力肯定不会成功。

（日记撰写人：马娴）

2008年10月15日 星期三 晴

步入初三的我们，渐渐地走向了成熟，每个人的心里都很明白，初三是决定我们人生的重要一步。张老师看我们最近学习状态不好，就准备在今天召开主题班会。还没有上课，却已经看到张志远、刘玮、陈静然在黑板上忙着又写又画。不一会儿黑板上就出现了八个大字——主题班会：学会感恩。张老师严肃地站在讲台上，她认真地对我们说：“最近的一段时间，我发现大家都不在学习状态上，你们还想考重点高中吗？你们每天起早贪黑的，你们的爸妈都心痛死了，他们想尽一切办法照顾帮助你们，你们就用这样的状态来回报他们吗？”这时的教室里好安静。好一会儿，张老师缓缓地说：“今天我们先把学习放一放，开个班会吧。”播放器里传来阎维文演唱的歌曲——《母亲》，这首歌原来也曾听过，可不知怎么回事，今天格外好听。大家都沉浸在动人的旋律中，用心品味着这首歌。老师先让我们欣赏了这首歌，然后让同学们从旋律和歌词两方面说说这首歌的优美之处，最后回忆爸妈最让自己感动的一件事。虽然这首歌语言朴素，可真挚的情感让人动容。当大家诉说最让自己感动的事时，马仕涵哽咽地说不下去了，有的女生难过地趴在桌子上抹眼泪，男同学都受到感染，也悄悄地擦着眼泪……班会最后，我们齐唱《母亲》，我们都用情歌唱着。最后，张老师说：“父母给予我们的爱太多太多了，我们能回报他们的就是好好学习，不辜负他们对我们的期望。” 羊有跪乳之恩，鸦有反哺之义，动物尚且如此，何况人呢？

（日记撰写人：吕园）

2008 年 11 月 6 日 星期四 晴

依旧是一个空气中弥散着凉气的早晨。我背着硕大沉重的书包，匆忙地穿过学校的操场，身旁是一群和我一样，匆忙又满脸困倦的学子。天色还有些暗沉，我抬头望了一眼东边太阳升起的地方，进入初三，我养成了这种习惯。如果说那头有一片明亮的晨光，我会猜想今天应该是个好天气，心情也随之一下愉快起来。初三曾经是那么遥远，转眼间它已来到我身边，我已真真切切感受到它的气息，它有一些忧郁和坚强，有一些感动和乐观，还有一些面目狰狞。课程安排开始变得异常紧张，随之而来的是让人忙碌的作业，于是在夜晚明亮的台灯下，我总是把头埋在高高的作业和练习册下面，充实感从手指一直深深钻到心底。每天是忙碌的两点一线的生活。没有了偶尔开开小差，天南海北乱想的时间和精力，站在清冷的操场，遥想明年那炎热的六月，我想用自己的努力，争取在明年六月的骄阳中快乐地微笑。

（日记撰写人：刘昱杰）

2008 年 11 月 17 日 星期二 阴

“好了，今天就到这里，下课。”张老师让我到办公室拿班级接力日记，今天该我写了。在走向办公室的路上，张老师问我：“考得好吗？”“不好。”我垂头丧气地回答。来到了办公室，张老师把班级接力日记交给了我。“这次没考好是什么原因呢？”张老师温和地望着我，我低头不语。“最近你的各科成绩考得都不理想，也没有原来那么努力了，我上次就找你谈过这个问题。原来你当课代表的时候就很努力，想着考不好没面子。现在你身体不好不当课代表了，学习上明显没有原来那么努力了。可我知道你是个自尊心很强的孩子，你看别人考得好时，自己心里也很难过吧。”我一直低头，不敢直视张老师的眼睛，可心里一下子就将张老师视为知己。张老师真神了，我心里想什么她都知道。虽然自己努力装作不在意，可是心里也还在暗暗比较，失落占据了我的内心。走出了办公室，在回家的路上我开始反思，怎么可以遇事摆出一副无所谓的态度，对学习也越来越没有信心，甚至开始逃避，这还是我吗？还是那个遇事争强好胜，对生活充满希望的潘琪吗？一阵阵刺骨的寒风扑面而来，而这风吹得我更加清醒，消极、懒惰和颓废应该抛弃了。我也是时候要重新奋斗了。

（日记撰写人：潘琪）

2008 年 11 月 19 日 星期三 阴

化学成绩出来了，我连忙跑到杨昊文那里要了记分册，一页又一页地翻着，在翻的过程中，心跳得很快，又紧张、又害怕，还有些小小的激动，不知自己抱有最大希望的化学能考多少。见到我的名字了，我眼睛一亮，本以为自己考得不错，但看到分数时我被吓到了。我怀疑自己看错了，用手指指着一格一格往后移。没错，那就是我的分数，没及格！顿时我的心脏仿佛停止了跳动，双手冰凉，脑子一片空白。这次的分数与上次月考相比，相差了一半，这是怎么回事？我回到座位上，回想着自己从月考到现在的学习状态，我自己都觉得很惭愧。张老师的日记中写道：“在人生的这场竞赛中，比的是毅力，是持之以恒的精神，是承受压力的能力。”我却一点都没做到，这是自认为长大了的我吗？我，一个即将面临中考的学生，整天让爸妈操心我的生活、学习，上课不认真听讲，能偷懒就偷懒。我不能这样下去了，我要调整自己。我知道有些事说起来容易做起来难，但我会用行动证明自己，勇敢地面对七个月后的中考。

（日记撰写人：王银）

班级接力日记是促使学生自我反思的抓手，学生在反思的过程中学会做人，学会学习，在反思的过程中实现自我成长。我利用班级接力日记及时了解学生动态，和学生交心，发现小问题及时与学生面谈交流，发现班级普遍的问题及时召开主题班会，对学生进行德育教育。

另外，为了激发学生们的写作热情，我也加入到“班级接力日记”活动中去，我会在十天左右写一篇日记附在当天学生日记的后面，成为学生学习的组织者、参与者、合作者。我无法选择学生，但可以选择教育方式，我通过班级接力日记，把平凡的事物转化为精彩，把烦恼的事情转化为快乐。

下面是我给孩子们的几篇日记。

2008 年 9 月 26 日 星期五 晴

我下楼时已是 11：20 分，今天下午 2：00 就要歌咏比赛，学校通知各班最后一节不上课，提前放学。本打算直接回家，但下楼时有点不放心，便急匆匆又向教室走去。我来到五班教室，从后门窗往里一看，教室里空无一人，静悄悄的，凳子都整齐地摞在课桌上。“哦，放学了。”我心想。我又走到教室前门，从门窗中看到红蓝两筒里，卫生工具整齐地摆放在一起，地面干干净净，我试着拧一下门把手，查看门锁好没有，只轻轻一扭，谁知门却开了。迈进教室的一刹那，我吃了一惊。靠走廊墙边的一排座位上，五名女生安安静静地在写作业。我吃惊地问：“你们怎么不回家？”她们齐声答道：“我们在等你。”我更加疑惑了，问：“等我干什么？”她们笑眯眯地脆声回答：“等你检查卫生。”一股暖流涌入心房，我一下子感受到被人尊重的愉悦和幸福，心中顿生爱意。眼前是一张张纯真秀丽的脸庞，一双双温顺清纯的眼睛，我突然发现我的学生们竟这么漂亮可爱。我自言自语道：“幸亏我来看了一趟。”心想：如果今天我疏忽大意，没有到教室查看，不知要让孩子们等到什么时候。我赶忙催促：“卫生打扫得很干净了，快回家吧。”看着她们一个个像快乐的小鸟飞出教室，我锁上门，心中装着满满的感动向家走去。一路上我感慨万千，两年来有太多的事情让我感动，这也是我更爱我的学生们的原因。放学时与老师高声说再见，大扫除时奋力忙碌的身影，早晨小组长紧张有序地收作业，运动会上为班级荣誉的助威呐喊，大家出谋划策解决班级困难，操场上军训会演时的严肃认真。哪一个场面都让我感动。

李晓曦在谈话室里被我严厉批评，出门时仍不忘帮我推开门，并退后让我先行；张春海不计昨日我对他的责罚，仍一丝不苟地履行体育委员的职责；蒲禹光因工作不负责任被批评，今天仍满脸阳光地接受任务；安学华对我要求他用普通话做好课前准备，虽力不从心仍羞涩坚持工作；丁肇明、来友昊笨手笨脚地修理讲桌和板凳；刘昱杰、马仕涵双手托起作业本请老师检查，脸上写满真诚；小潘琪跳着够着擦黑板；陈永亮扫环境区换来一脸一身的尘土。这些细节无不让我感动，这细节太多，我数也数不清，说也说不完。全班 73 人，人人都曾给过我感动，我被你们的真诚、善良、宽厚、友爱而感动。我一面细数着感动，一面将它珍藏在我的心中，因为这将是我终身的甜蜜回忆。

（日记撰写人：张晓慧）

2008 年 10 月 29 日 星期三 晴

晚上翻看同学们的日记，从你们的日记中，我看到了一个个成熟的身影。月考前看到你们许多人变得安静了，好像一下子长大了，好高兴。期盼着月考你们能有一个好的收获。不料，月考成绩一出来，阴云就笼罩在我的心头。看到物理、数学、英语老师失望的眼神，再瞅瞅语文试卷，铺天盖地的烦恼接踵而至。一连几天，我的心情都糟透了。你们上课无精打采；回家后的作业质量也每况愈下，我愁死了。即将面临中考的你们，这是怎么了？于是我冲你们发脾气，斥责你们，埋怨你们上课不专心听讲，作业不按老师要求完成。看着你们默默面对老师的训斥，老老实实按我的要求将各科有缺漏的笔记补上。可过不了几天就又回到最初的状态，我气得不知如何是好。每当我冲着你们发脾气，胸口就会疼上半天。也许你们不会相信，睡梦中的我经常在叹气声中醒来，就再也难以入眠。这几天我一直在反思，是我工作方法上出现了什么问题吗？是我不够尽职尽责还是缺乏耐心吗？是你们对自己失望了，还是功课太多，应付不过来太累了？于是我找你们了解情况，正如我所料，你们中的绝大部分每天疲于应付各门功课的作业，应付差事般写作业，根本谈不上质量了。各科老师都对你们寄予了极高的期望，而你们却常常带给他们更大的失望。看着老师们失望的眼睛，你们也于心不忍，满怀愧疚。还有一小部分同学，因为基础差，学习已经跟不上，所以他们自暴自弃，放纵自己。可你们知道放纵的恶果吗？从日记中能看出你们也惧怕不久将面临的后果。唉！我常常生活在矛盾中。看到任课老师恨不得把自己所有的知识全部塞给你们，他们抢课、拖堂，作为班主任我又感谢他们无私的奉献精神，又心痛你们，觉得你们太累，连上厕所都要跑着去，但又希望你们多学点知识。你们即将面临人生的第一次大考验，这个现实是不容改变的，既然我们不可能改变环境，那还不如改变我们自己，去适应环境，因为适者生存呀。所以，孩子们，从现在开始，不管你处于什么样的境地，将全部的精力投入到学习中去，只要你能问心无愧地说我尽力了，我努力了，就是给自己最好的交代。在人生的这场竞赛中，比的是毅力，是持之以恒的精神，是承受压力的能力。

（日记撰写人：张晓慧）

班级接力日记就挂在教室的墙壁上，全班公开。通过班级接力日记，我发现自己说教少了，班级凝聚力强了，学生对自己要求更严格了。同时，学生们的写作水平也有了提高，真可谓“一石二鸟”。可以说，班级接力日记就像是洞察心灵的一扇窗口，它是集体成长的真实记录，它促成了对学生的思想教育，它记录了激情燃烧的岁月，留下了如歌的回忆。

探春

窗外春色正好，决定带领孩子去到校园的小花园探春。布置给他们的任务是要认真观察，认真思考。孩子们没想到语文课还能到室外去，都欢呼雀跃起来。

来到小花园，那里已是春意盎然。尺寸之间，色彩斑斓。翠绿的柳枝，淡粉的碧桃花，青葱的刺柏，褐红的海棠，黄绿相间的小草，还有青白的鹅卵石小径，与曲曲折折的长廊，小巧精致的亭子组合在一起，宛如一幅有江南韵味的水墨画，令人赏心悦目。

刚到花园，孩子们还跟在我身后，一眨眼就像一群小鸟，各找各的钟情之物去了。筱美一帮凑在碧桃前，想闻闻它的香味；艾嘉几个仰着脸，在研究柳叶的长相；舒雅她们蹲在地上，饶有兴趣地在争论眼前的植物是不是多肉植物。

看到林浩和梓云在海棠前驻足，我快步来到他们跟前，问："看什么呢？""老师，这是什么树呀？"林浩一脸疑惑地问。我说："这是海棠树呀，你们观察到什么了？" 梓云惊奇地用手轻抚着小果说。"上面全是果子，好多呀！"我望着满树的果子说："这是去年结的过，结果时红彤彤的，可漂亮了，经过一个冬天，已经变小、变干了，颜色变深了，那是时间留给它的记忆。你们觉得海棠果的形状像什么？"林浩说："像一个个小灯笼，一树红色的小灯笼，真壮观！""你们到跟前来看一下。"我压低一根树枝让孩子们凑到跟前仔细观察。枝条上已经冒出褐红色的叶子，我问梓云：“这些新叶像什么？” 梓云挠了半天头说：“像一个个小手掌。”我用手比画着说：“像不像海棠用一个个向上托举的手掌在迎接阳光？”孩子们开心地笑了。我指着树上的海棠果说：“它经历了严冬仍保持生命的颜色，在宇宙间留下自己生命的痕迹，静待春天的到来，再度绽放生命的绚烂。就如同人的生命一样，人世一场，一定要呈现生命的色彩，实现生命的价值。”孩子们站在树前若有所悟。

几个女孩子在碧桃前叽叽喳喳的，我来到她们身旁，也不禁被眼前一树的灿烂迷倒了，“好漂亮的碧桃呀！”我边称赞边温和地对她们说，“观察一棵树要采用由远及近、由整体到局部的顺序，可先观察一树的花，再观察一枝，再观察一朵，调动我们的感觉器官，分别从树的形状、颜色、味道、花的质感等方面去观察。观察后再想一想，这一树碧桃花，没有一个冬天力量的积蓄，哪来春天这一树的灿烂呢？”

发现好几个男生在不远处站着，我有点生气，心想：不好好观察，跑到那里偷懒。我边走过去边大声地问：“你们在这里闲站着干什么？”“老师，你看……”顺着羽凡手指的方向望去，那里是一棵不知名、不起眼的树，在远处是不会引起人们的注意的。它褐色的枝条上没有一片叶子，密密麻麻的全是小小的花苞，淡褐色的花苞和枝条颜色接近，只是在顶端微微露出一点粉色。没有一朵开放，一个个鼓鼓的，比米粒稍大些。那鼓胀的花苞里好像灌满了生命的琼浆，有朝一日全部开放，迸炸的浆液一定会淹没这个花园，让满园的草木逊色。我问：“这棵树吸引你们的原因是什么？”羽凡怜惜地说：“别的花都开了，它一朵都没开呢。”我笑了，对孩子们说：“不怕，虽然它开放得晚，但若盛开，必带芬芳，开得晚些那又何妨，只要心中有绽放的愿望，一定会有盛放的繁华。”突然想起袁枚的《苔》，随口吟道：“苔花如米小，也学牡丹开。”

转身看见身旁的刺柏，于是呼唤孩子们来到树前，我问：“你们看这棵树有什么特别的吗？”筱美赞叹道：“好高大呀，好绿呀！”艾嘉指着树问：“上面黄色的地方是死了吗？”我说：“你们仔细观察一下，死掉的部分是柏树吗？”羽凡跑到树前，蹦高扯扯垂下来的藤条，大声说：“不是的，这是另外一个植物。”我说：“同学们，这是藤蔓，不是柏树。它攀附着柏树生长，可是一到冬天，因为自身营养不够，又耐不住寒冬，已经死了。可是柏树呢，它深深地扎根于大地，靠自己的力量生长，即使面对风霜雪雨，不改生命本色，在春回大地的时候，它才是最绿的一抹色彩呀，我们要向松柏学习对吗？”看到孩子们频频点头，我会心地笑了，看来对孩子们的生命教育不一定要说教呀。

看见舒雅和星竹在毕业林前转悠，围着树在看树上留言牌上的文字。我问：“你们在研究什么呢？”她俩羞涩地微笑着不语。我说：“这都是历届毕业生留给母校的树，这树承载着他们对母校的爱，等你们毕业了，也在这儿种棵树好吗？让这小小的毕业树，见证你们的成长。”她俩用力地点点头。

花园里的孩子们，三五成群地漫步在枝枝叶叶间，感受春天的气息，评价春天的美丽，感悟草木传递给他们的情谊。我想，我该是消失的时候了，应该给孩子们留一些空间，让他们自己去观察、体验、思考、感悟。

第二天是写作课，内容是将昨天的所见所感写下来。孩子们伏案疾书，窗外的阳光斜射在他们的身上和本子上，温暖而明亮。我静静地望向他们，不禁浮想联翩，你们不正如那些小花园中蓬蓬勃勃的花木吗？在阳光的爱抚下，充满生机活力和奋进的力量。

这次语文实践活动，源于我一段时间的思考。每到写作文时，孩子们就会陷入痛苦。不是不会写作的方法，而是因为没有写作的素材，巧妇难为无米之炊。孩子们的生活太单调了，每天奔波在上学的路上，无暇顾及其他。他们哪知，身旁咫尺就有春天。作为老师，要引导学生通过观察、调查、访谈、阅读等途径，运用多种方法搜集写作的材料；作为老师，要寻找机会，带领孩子们走进春天，探访春天，走进生活，品味生活。语文是实践性课程，语文教学必须要与生活实践紧密结合，让学生在生活中学会沟通交流，培养审美情绪，启迪思想智慧；培养良好的思维方式，健康美好的情感；帮助学生完善自身人格，提高人文修养。这样才能使学生真正地学到语文知识，提高语文素养。

语文歌

孩子们问我：语文是什么？
我心中的情丝在春风里荡漾。

语文是清晨喷薄的朝阳，
美丽、温暖、充满希望，
它能拯救沮丧和失望，
你要拥抱它。

语文是积蓄一冬力量的新芽，
清新、活泼、富有生机，
它能祛除怯懦和痛苦，
你要呵护它。

语文是脚下坚实的土地，
广袤、丰饶、厚重深邃，
它能让耕耘者的梦想从这里起飞，
你要热爱它。

语文是天空飘荡的云朵，
轻盈、柔美、自由随性，
它能让疲倦的行者得到休憩，

你要珍惜它。

语文是将要升起的北斗星，
明亮、闪耀、指引方向，
它能引领迷途者走出绝望，
你要敬畏它。

语文是风华岁月、花样年华，
激昂、烂漫、令人憧憬，
它能让我们的生活诗意而又浪漫，
你要书写它。

语文哟，我心中的歌，
时常把你吟唱。

第二篇

创新诗词教学方法
领略古典诗词魅力

古代诗词语言凝练、内容丰富，思想博大精深，是古人留给我们宝贵的文化遗产。然而，长期以来，因为考试中直接考查古诗词的内容分值不高，许多教师对古诗词的教学不够重视，教学方法比较单调，学生对古诗词丰厚内涵的理解欠缺。我们要培养学生热爱中华民族优秀文化的感情，不能忽视古诗词的教学。我结合本人的教学谈一谈初中古诗词教学的方法。

一、精心导入，激发兴趣

设计导语的目的是，创设学习氛围，激发学习兴趣，引导学生进入最佳的学习状态。诗词教学导入设计的方法有很多，示例如下：

（一）导语设计。精心设计与诗词的意境有关系的导语，可以调动学生学习古诗词的兴趣，使学生更快地进入诗词的意境，在教学中起到事半功倍的效果。如教杜甫的《茅屋为秋风所破歌》，导语可以设计为：在成都西郊的浣花溪边有一座茅屋，虽然非常简陋，但因茅屋主人拥有崇高的思想和博大的情怀而名声远扬，它就是著名的杜甫草堂。现在就让我们怀着崇敬的心情一同走进草堂，去目睹杜甫的艰难生活，去感受他的忧国忧民之心。

（二）音乐导入。古诗词因为其独特的韵味，常被改编成广为传唱的歌曲。如 2018 年中央电视台推出的中国首档大型原创诗词文化类音乐节目《经典咏流传》，成功地用"和诗以歌"的形式让传统的诗词与流行音乐元素结合，挖掘诗词背后的深厚内涵，收到极好的效果。所以我们在教授诗词时可用音乐导入。如教授《蒹葭》可用流行歌曲《在水一方》导入。在学习前，放一段与所学内容有关的音乐能激发学生极大的兴趣，并创造教学情境，使学生顺利进入诗歌意境。

（三）画面导入。诗词有鲜明的形象性，画面导入让学生在绘画艺术中感知诗词耐人寻味的艺术境界。如教授《钱塘湖春行》，可以用西湖风光图片导入，有助于学生更好地掌握诗词的韵味。

古诗词教学导入的设计还有许多，如：故事导入、视频导入、情境导入等，大家可以根据古诗词的意境选择合适的导入方式，引导学生更快地走进诗词的意境中去。

二、诗读百遍，其义自见

学诗词要从读开始，所谓"熟读唐诗三百首，不会作诗也会吟"，"三分诗七分吟"，可见诵读是培养学生诗词感受力的一个重要方面。

教师在教学中要重视诵读，要尽可能让学生多读。教师要对学生进行朗读的指导。指导朗读时应注意强调以下几点：首先鼓励学生在朗读时读准字音，尽情投入；然后要读对诗词的节奏，为此老师要讲解一些关于节奏的知识，例如从音和意上划分，五言、七言朗读的一般规律等；最重要的是要理解诗意，融入感情，读出诗人要表达的情感。

三、加强积累，培养能力

"胸藏文墨怀若谷，腹有诗书气自华"。教师在平时的教学中要关注学生的诗词积累，引导学生理解句意，文意理解就水到渠成。《义务教育语文课程标准》在初中阶段目标明确指出：诵读古代诗词，有意识地在积累、感悟和运用中提高自己的欣赏品位和审美情趣。结合课标，我重点从四个方面培养学生的诗歌鉴赏能力。一是对名句的赏析（包括描绘诗歌画面、理解诗句蕴含的哲理）；二是品味精炼的动词和形容词；三是对古诗词中的修辞手法、表现手法、写法的赏析；四是古诗词主题的理解。

如《江城子·密州出猎》中的"亲射虎，看孙郎"的典故表达了什么意思？

赏析：诗句运用"亲射虎"典故，表达诗人要像当年的孙权那样挽弓马前射虎，展现了作者虽然年纪已经不小，但是仍有着少年狂气。

如《山坡羊·潼关怀古》中：“峰峦如聚，波涛如怒” 两句中的“聚”和“怒”用得好，好在哪里？“峰峦如聚，波涛如怒”两句用了什么修辞手法？这样写的作用是什么？

赏析：诗句运用了拟人的手法，“聚”化静为动，从视觉写出了高山重重，山势险峻；“怒”运用拟人手法，从听觉写出了黄河波涛汹涌，气势很大。以“聚”形容潼关在重重山峦的包围之中，以“怒”形容黄河之水的奔腾澎湃，从视觉和听觉两个方面写出潼关的险要。

四、借助音乐，促进教学

近几年，流行歌坛出现了很多古诗词歌曲，有的是直接给古诗词谱曲的流行歌曲，如《一剪梅》《滚滚长江东逝水》《独上西楼》等；有的是引用、化用古诗词的流行歌曲，如《在水一方》《声声慢》等；还有具有古诗词意韵的歌曲，如：毛宁的《涛声依旧》、高胜美的《青青河边草》、屠洪刚的《精忠报国》等。2018 年央视《经典咏流传》将 58 首诗词编成了歌曲，让古典诗词乘着歌声的翅膀尽情飞翔。观众在优美的歌曲中领略悠远的诗词意境，感受中华经典诗词的润物无声和春风化雨。古诗词歌曲在流行和古典之间架起一座桥梁，通过对古诗词歌曲的欣赏，不仅可以激活沉闷的课堂，还可让学生加深对古诗词的理解。

（一）赏析古诗词歌曲。古诗词赏析课上插入音频或者视频，或者课间播放央视的《经典咏流传》视频，让歌声将古老的文明传递进学生心里。经过一段时间的铺垫后，还可以让学生来演唱古诗词，并赏析谱曲或配器在风格上是否符合原诗词的风格，演唱者是否唱出了诗人表达的感情。

（二）鼓励学生为古诗词配乐。以支教老师梁俊和贵州乌蒙山区孩子用宛如天籁的声音动情演绎清代袁枚的《苔》，将一首孤独了 300 年的小诗，一夜之间走进了亿万观众的心为例，鼓励学生为古诗词谱曲、演唱或演奏，并讨论分析他们把握原作诗意的得失。还可利用学生喜欢唱歌的特点，让学生给所学的古诗词配上自己熟悉的旋律来“唱诗”，这样在一定程度上避免了单纯背诵的枯燥乏味，激发学生学习的自主性。

五、诗歌配画，体会意境

人称王维的诗“诗中有画，画中有诗”，其实中国的许多古典诗词，尤其是写景类的，都具有这一特点。

（一）**用诗配画的形式让学生在绘画中体会作品的意境。**教师用形象可感的画面作示范帮助学生理解诗词，利用多媒体向学生展示意境相同的山水画或教师自己绘制的图画，图文并茂有利于学生理解诗中蕴涵的意境美。如《天净沙·秋思》，用“枯藤”“老树”“昏鸦”“古道”“西风”“瘦马”的荒凉与“小桥”“流水”“人家”的温馨画面形成强烈鲜明的对比，漂泊天涯的游子那种睹物思乡、愁肠欲断的心情就不难理解了。

（二）**学生喜欢读漫画书，**还喜欢在书上、墙上即兴涂鸦，可以利用这个特点，选择形象性强的诗词，鼓励学生尝试画出来，放手让学生给古诗词配画，可以培养学生的想象力和创造力。也许学生画的不一定准确，但学生在绘画的过程中必然会对诗歌所要表现的内容进行思考，对诗歌的意境有所体会，这才是诗歌教学所要追求的目标。

六、散文描述，创造性解读

在诗歌教学中，教师引导学生展开联想和想象，让学生在有所感悟的基础上用散文化的语言表达出来，不仅能培养学生的形象思维，还能起到锻炼文字表达能力的作用。学生对诗词散文化的描述，使凝练的诗词化为具体、形象的散文，这是一种创造性的解读。例如在学习王维的《使至塞上》时，学生这样写道：荒凉辽阔的沙漠无边无际，昂首远望，不见草木只见漫漫黄沙。只见长天尽头有一缕孤烟在升腾，笔直笔直地直插云霄，为这边塞荒漠增添了一点生气。九曲连环的黄河边，诗人俯瞰蜿蜒的黄河故道，河水闪着粼粼的波光，夕阳西下，河中倒映着一个浑圆的日影，这是多么雄浑壮丽的大漠风光啊！

古诗词教学的方法还有很多。比如让学生揣摩诗中人物，发挥想象设计符合情境和人物特点的语言、动作进行情景剧表演；或者进行比较赏析，拿同一诗人不同风格的作品，或不同诗人同一类风格的作品进行比较欣赏，等等。总之，教师应根据诗词特点运用恰当的方法开展教学，让学生展开联想和想象的翅膀，领略诗词的无穷魅力。

读写结合 以读促写

《义务教育语文课程标准》指出，语文课程阅读和写作的目标是："具有独立阅读的能力，学会运用多种阅读方法，能具体明确，文从字顺地表达自己的见闻，体验和想法。"教学时要重视写作教学与阅读教学、口语交际教学之间的联系，善于将读与写、说与写有机结合，相互促进。今天我谈谈如何充分利用统编教材，实现读写结合，以读促写。

翻开统编版初中语文教材六册书，认真阅读一下手中的教材，你会发现，这套教材很好地体现了读写结合的思想。例如《济南的冬天》课后练习五：借鉴课文的某些写法，就你家乡冬天的风景写一个片段。注意抓住特点来写，不少于200字。《故乡》课后练习五：文中说："我想：我竟与闰土隔绝到这地步了，但我们的后辈还是一气，宏儿不是正在想念水生么。我希望他们不再像我，又大家隔膜起来……"发挥想象，续写宏儿和水生长大后见面的情景，300字左右。教材给我们提供了如此丰富的读写结合的资源，那么，我们就认真地利用我们的教材，扎扎实实地在课堂上渗透这一思想，引导学生读好每一篇课文，从课文中习得文章的表达方法、写作思路、遣词造句的方法，将这些方法运用到写作中去，来提高写作水平。

叶圣陶先生说："语文教材无非是一个例子，凭这个例子要使学生能够举一反三，练成阅读和作文的熟练技能。"

因此教师要引导学生思考琢磨阅读中获得的知识，如何在写作中加以运用。人民教育出版社课程教材研究开发中心的顾振彪先生认为：“写作与阅读结合，一是有助于培养学生的阅读能力，学生联系课文进行写作，就在应用中加深对课文的理解，通过应用把课文内化为自己的知识和能力。二是提高写作能力，以课文为写作材料，省去搜集材料之苦，可以直接投入写作训练，尤其利于培养逻辑思维能力。”可见，阅读教学和作文教学应紧密结合。那么如何在课堂教学中做到读写结合，以读促写呢？一是积累，学完课文后摘抄好句好词，教师设计微作文，引导学生将这些词语加以运用；二是仿写，仿照文章中的句子、段落、思路和写法，循序渐进地对学生进行作文训练；三是延伸，根据课文中的内容加以拓展，培养学生的想象力，进行写作训练。

一、积累

我要求学生在读书的时候做摘抄。每篇课文学完后我都会给学生指出一些比较好的词语，要求学生掌握词义，并且鼓励他们在日记和作文中加以运用。在摘抄的过程中教师可以设计一些活动，调动学生的积极性，如书写评比，如词语接龙游戏等。当然更重要的是写作训练，可以设计微作文进行片段作文训练。例如学习刘湛秋的《雨的四季》一课，从课后“读一读，写一写”中选取“莅临、静谧、淅沥、花苞、铃铛、化妆”六个词，先查工具书解释词语意思，再发挥联想和想象连词成段，在写片段作文中将积累词语加以运用，长此以往，经过反复训练，学生运用词汇的能力会增强。

二、仿写

学习语言的基本途径之一是模仿。统编教材为学生提供了很多仿写的资源，我在教学中主要从以下几个方面去开发和运用。

（一）仿句子

在教鲁迅的《从百草园到三味书屋》一文时，选出“扫开一块雪，露出地面，用一枝短棒，支起一面大的竹筛来，下面撒些秕谷，棒上系一条长绳，人远远地牵着，看鸟雀下来啄食，走到竹筛底下的时候，将绳子一拉，便罩住了。”一段，先引导学生阅读分析出这句话中动词运用准确而丰富的特点，然后给出写作内容，仿照这句话写陶艺课上制作玫瑰花的过程。在教朱自清的《春》一文时，选出文章结尾处的“春天像刚落地的娃娃，从头到脚都是新的，它生长着。春天像小姑娘，花枝招展，笑着，走着。春天像健壮的青年，有铁一般的胳膊和腰脚，领着我们上前去。”先引导学生阅读分析出这三句话使用的比喻和排比的修辞手法，歌颂了春天的“新、美、力”的特点，然后给出写作内容：模仿这三句来写“秋”。学生这样写道：“秋天像一幅画，泼洒着绚丽的色彩；秋天像一首诗，蕴含着万千的情意；秋天像一首歌，谱写着生命轮回的不朽。”这一组句子歌颂了秋天的美丽、多情和生命力。

（二）仿段落

在写好句子的基础上，随着积累的增加，我选择一些符合学生认知规律的段落，让学生进行仿写。刘成章的《安塞腰鼓》一文中，有一段描写一群茂腾腾的后生捶起安塞腰鼓时的画面。“一捶起来就发狠了，忘情了，没命了！百十个斜背响鼓的后生，如百十块被强震不断击起的石头，狂舞在你的面前。骤雨一样，是急促的鼓点；旋风一样，是飞扬的流苏；乱蛙一样，是蹦跳的脚步；火花一样，是闪射的瞳仁；斗虎一样，是强健的风姿。”这段文字大量使用了排比和比喻的修辞手法，语言气势充沛，节奏鲜明感情强烈，写出西北安塞腰鼓带给人们力量的奔腾、生命的升华。学习这段后，给学生播放藏族舞蹈画面，要求学生将视觉、心灵上的震撼用比喻、排比的修辞手法写出来。

（三）仿思路和写法

我在阅读教学中引导学生体会文章的写作思路、表达方式，通过写作训练，逐渐将这些知识内化为自己的东西。统编版许多课文的写作思路非常清晰，学生很容易理解，所以在教学中，我就抓住了这一宝贵的资源，以读促写。例如学习朱自清的《春》一文时，引导学生阅读分析“春草图、春花图、春风图、春雨图、迎春图”五幅春天的图景，来体会作者对春天的喜爱和赞美，然后出示写作内容写“秋”。学习贾平凹的《一颗小桃树》一文中对风雨中小桃树的描写：“雨还在下着，我的小桃树千百次地俯下身去，又千百次地挣扎起来，一树的桃花一片、一片，湿得深重，就在那俯地的刹那，我突然看见那树的顶端，高高的一枝上，竟还保留着一个欲绽的花苞，嫩黄的，嫩红的，在风中摇着，却没有掉下去，像风浪里航道上远远的灯塔，闪着时隐时现的光。”这段景物描写采用拟人和比喻的修辞手法，托物言志，借小桃树表达了面对挫折和磨难，只要不屈不挠，就能创造美好未来的主旨。学习了此写法后，在课堂上进行托物言志的写作训练。在写作训练前，我先展示“下水”作文《春天的色彩》中的片段：“轻轻拨弄它的枝条，柔韧有力，树枝上布满了米粒般大小，或直或微微弯曲的黑褐色的芽苞。像一个个抱着头、勾着身子的小精灵，在枝条上静候着春天的到来。”为学生讲解本文托物言志写法的运用。学习冰心的《荷叶·母亲》和泰戈尔的《金色花》两首诗时，引导学生分析两文借助一种具体的形象抒发对母亲的爱的写法，请学生也用这种写法写一段话或一首诗。

三、延伸

爱因斯坦曾经说过：“想象力比知识更重要，因为知识是有限的，而想象概括世界的一切，而且是知识进化的源泉。”所以，我们应努力去启迪、培养学生的想象能力。我引导学生将课文的内容从课内延伸到课外，做进一步的挖掘，这样不仅对课文的内容和主题有更深层次的理解，而且能有效提高学生的写作水平。学习蒲松龄的《狼》，发挥想象，将课文改写成一则白话故事。注意充实内容，增加对人物语言、动作、心理等的描写。学习《愚公移山》后，将课文改写成课本剧。学习雨果的《就英法联军远征中国致巴特勒上尉的信》，给雨果写封信，谈谈你读了本文的感受。通过对课文的补充、改写，学生的写作能力提高了，认识事物的能力也不断加强。

总之，在语文教学中充分利用教材，坚持读写结合，以模仿为桥梁，以片段训练为手段，相信学生读写的能力一定会得到提升。

阅读 悦读 跃读
——统编教材初中语文阅读“1+X”教学策略研究

苏联教育家苏霍姆林斯基说：“让学生变聪明的方法是阅读、阅读、再阅读。”“应该让孩子生活在书籍的世界里。”语文教科书总主编温儒敏说，“语文课最基本的内容目标，是培养读书的兴趣和习惯。有了读书的兴趣和习惯，才能把语言文字运用的学习带起来，把素质教育、人文教育带起来。”阅读是运用语言文字获取信息、认识世界、发展思维、获得审美体验的重要途径。

一、语文阅读教学的现状及存在的问题

教师问题：一是阅读教学偏重精讲精读；二是阅读方法指导欠缺；三是大多数教师把主要精力放在教教材上，忽略了用教材教。

学生问题：一是阅读兴趣不浓，阅读习惯培养不够；二是阅读题失分较多；三是阅读素养有待提高。

家长问题：一是自身不爱阅读，家庭阅读氛围不够；二是不懂得如何指导孩子阅读。

《义务教育语文课程标准》（2011 版）指出：“学生应具有独立阅读的能力，注重情感体验，有较丰富的积累。学会运用多种阅读方法，能初步理解、鉴赏文学作品，受到高尚情操与趣味的熏陶，发展个性，丰富自己的精神世界。九年课外阅读总量应在 400 万字以上。”

这让我有了以下思考：一是教材和这 400 万字课外阅读

量的关系是什么？二是目前教学现状是否完成了400万字的阅读量？是否有方法、高品质地完成400万字的阅读？

二、统编版初中语文教材阅读体系的构建

统编语文教材总主编温儒敏先生提出“读书为要”的思想，这也是统编初中语文教材阅读体系构建的指导思想。就是要抓住读书这个核心，引导学生多读书，好读书，读好书，读整本的书。统编版初中语文教材阅读体系的构建的特点如下：

（一）增加了课外阅读、名著导读和写作的分量

（二）建构了教读、自读、课外阅读“三位一体”的阅读教学体系。课外阅读成为课程的有效组成部分

（三）沟通课内外阅读，强调单篇阅读与整本书阅读的结合

发挥语文课堂的“主渠道” 作用，将大量的课外阅读纳入到课程体系，进入到语文课堂，并保证落实。并以阅读内容为切入口倒逼减少课文教学烦琐的分析、提问，为大量阅读进入语文课堂腾出时间和空间，从而改变语文教学方式。

（四）区分不同的课型，采用“1+X”的方法，引导学生多阅读

在一篇课文后（主要设置在教读课文的“积累拓展”和自读课文的“阅读提示”中，也有些在“预习”中）推荐若干课外阅读篇目，设置一定任务，引导学生进行同主题阅读、拓展延伸性阅读、回顾总结性阅读和比较阅读，沟通课内外的联系，扩大学生的阅读量。

如八年级上册第7课《列夫·托尔斯泰》课后阅读提示推荐《三作家》《三大师》；第16课《昆明的雨》课后阅读提示推荐《故乡的食物》《翠湖心影》《我的家乡》；一些课外拓展指向整本书阅读，比如七年级上册第9课《从百草园到三味书屋》“积累拓展”第五题：文中那个活泼可爱、尽情玩耍的小鲁迅宛在眼前，你看到文字后面那个拿笔写作的“大”鲁迅了吗？你觉得这个“大”鲁迅是带着怎样的情感来写本文和《朝花夕拾》中其他文章的？请结合本单元后的“名著导读”栏目的相关内容谈谈你的认识。

（五）“名著导读”注重“一书一法”

每次“名著导读”课，都引导学生重点学习某一种读书的方法。比如浏览、快读、读整本书、读不同文体等等，都各有方法引导。设置“名著导读”栏目，精选书目，导向整本书阅读。因此教师要将名著导读纳入教学计划，将其作为阅

读课的有机组成部分，而不是当成附件，根据情况选用。

三、统编版初中语文阅读“1+X”教学策略

（一）比较阅读，探究文本异同，促进阅读教学

比较阅读指把内容、结构、写法、主题等相近的两篇或一组文章放在一起进行阅读教学，学生通过比较、分析，可以看到差别，发展思维，提高鉴赏力。

如：比较谋篇布局，体会构思。

比较《我的叔叔于勒》和《范进中举》，我们会发现两篇小说结构相似，都表达了强烈的批判，辛辣的讽刺。批判了丑恶的灵魂，有异曲同工之妙。

《我的叔叔于勒》结构是：“盼——赞——见——躲”，人物特征：金钱至上、嫌贫爱富、冷酷无情。

《范进中举》结构是：“骂——卖——疯——贵”，人物特征是：趋炎附势、嫌贫爱富、灵魂毒害。

如：比较详写略写，探寻主题。

比较《曹刿论战》和《孙权劝学》两篇，我们发现文章详略的处理，与作品要刻画的主人公和主题有关。

《曹刿论战》详写曹刿对战争的论述，略写长勺之战，突出曹刿的深谋远虑。《孙权劝学》详写劝学，略写吕蒙就学。突出孙权善劝。

比较《陈涉世家》与《曹刿论战》。

相同点：都是史传文学，都详写谋略，略写战争经过。

体裁不同：《陈涉世家》纪传体，以人为本，突显性格，表现陈涉的远大抱负和远见卓识。《曹刿论战》编年体，写事为主，写人不求丰满，突出曹刿的“远谋”。

语言风格不同：《陈涉世家》是文学语言，生动形象。《曹刿论战》是史书语言，简洁严谨。

（二）群文阅读，重视阅读方法，促进师生能力提升

统编版初中教材建构了教读、自读、课外阅读“三位一体”的阅读教学体系。课外阅读成为课程的有效组成部分，教材沟通了课内外阅读，提倡“1+X”的阅读教学方法，强调单篇阅读、群文阅读与整本书阅读的结合。

群文阅读就是师生围绕着一个或多个议题选择一组文章，而后师生围绕议题

进行阅读和集体建构，最终达成共识的过程。为更好落实统编初中语文教材的阅读教学理念，我带领名师工作室的成员编撰了课外读本《书香满园》，共六册。我们选择教材中重要的篇目，每篇拓展两篇课外阅读，选择不同作家的相似作品或者同一作家的不同作品，一篇设计成推荐阅读，教师撰写推荐语；一篇设计成类文阅读，根据教学目标设计两到三个阅读思考题，分别是单篇阅读题、群文阅读题和整本书阅读题。

工作室全体成员利用读本开展群文阅读教学，针对文本不同，写法相同；作者相同，文本不同；文本不同，主题相同的文章，有计划地对学生进行训练，学习选材构思、塑造人物、描写景物、布局谋篇、抒情议论等方法。学生在教师的指导下运用批注法、圈点勾画法、比较法阅读学习，群文阅读让有限的课堂教学更加充实、丰富、高效，提高了学生阅读能力。

《书香满园》课内外群文阅读篇目举例：

1.《诫子书》推荐阅读《周公诫子》、类文阅读《与长子受之》

通过阅读，比较它们的相同点：三篇都是古代家训，而且主题相似。《诫子书》劝勉儿子勤学励志，需从淡泊宁静中下功夫。《周公诫子》则教育儿子要有谦虚谨慎的美德。《与长子受之》朱熹教导儿子珍惜学习机会，发奋学习，有所作为。

2.《狼》推荐阅读《狼（其三）》、类文阅读《狼子野心》

通过阅读，比较它们的相同点：三篇内容、主题相同或相近。《狼（其三）》着重表现狼的爪牙锐利，但最终却落得个被杀死的下场。《狼子野心》里的狼崽虽幼，却有凶恶的本性，比喻凶暴的人居心狠毒，习性难改。

3.《一棵小桃树》推荐阅读《草记》、类文阅读《三角梅》

通过阅读，比较它们的相同点：三篇文章都是写景抒情散文，主题相似。《一棵小桃树》尽管经历了生活的磨难，但仍然坚信，只要不屈不挠地奋斗下去，定会创造美好的未来。《草记》赞颂佛手肿生长环境恶劣，自谋生路，不被人理解，顽强的生命力。《三角梅》生命的成长是一个漫长的过程，需要静静地等待。只有在不断地坚持、不断地积蓄、不断地拼搏，才能够绽放出生命的美丽。《一颗小桃树》作者借助小桃树的经历表达了对生命的感慨。《三角梅》借助三角梅表达对生命的赞颂。

（三）整本书阅读，培养阅读习惯，提升语文素养

1. 以教科书上名著节选为“引子”，以点带面阅读。

第一阶段：教师制订方案、名著导读课、读书方法指导、教师分阶段布置读书任务。第二阶段：学生整本书自读。第三阶段：读书展示活动。（选择一到两种）第四阶段：生生共读、师生共读。第五阶段：多元评价（自评、生生互评、教师评价、家长评价；评价主体、内容、方法多元）

2. 以出现的重点人物为线索，由点到线阅读。

以阅读《朝花夕拾》为例：

（1）选择一个感兴趣的人物：长妈妈；（2）梳理书中与这个人有关的情节，画出描述这个人物的语句，《阿长与山海经》《从百草园到三味书屋》等；（3）分析其性格特点；（4）鲁迅或褒或贬的情感态度；（5）体悟鲁迅对人生、社会的深刻思考。

以阅读《水浒传》为例：

（1）确定人物：林冲；（2）寻找相关情节：豹子头误入白虎堂、林教头刺配沧州道、林冲棒打洪教头、林教头风雪山神庙、林冲雪夜上梁山、林冲水寨大并火；（3）分析人物性格：隐忍负重、救弱济贫、谨小慎微、武艺高强、勇而有谋。

3. 以学生的问题为突破口，开展深度阅读。

以阅读《红楼梦》为例：

（1）问题：

黛玉为什么那么爱哭？为什么那么敏感多疑？说话为什么那么尖酸刻薄？她爱宝玉什么？宝玉真的爱黛玉吗？

（2）教师将学生的问题进行归类，以问题为抓手，将学生组成研究性学习小组。

（3）学生找出《红楼梦》中黛玉相关的情节摘抄，查找资料研讨。

（4）领悟黛玉的性格的成长，爱情的成长，人生的成长，一个女子自我觉醒的过程。

4. 以专题研究为切入点，关注阅读探究的过程性。

如：老舍《骆驼祥子》中的“普通人”专题。通过探讨 “普通人”的命运，丰富学生观察“普通人”生活背景的视角。

如：凡尔纳《海底两万里》中的海底世界专题。体验海底世界的惊险和神奇，了解科幻小说的科学性和幻想性。

如：高尔基《童年》中的阿廖沙专题。在恶劣的环境中，不但没受不好风气的影响，最后还成了一个坚强、勇敢、正直和充满爱心的人，这是非常值得学生学习的。

我致力于阅读教学研究，比较阅读、群文阅读、整本书阅读都希望能够探索出有效的教学方法，唯愿学生们有“阅读——悦读——跃读”的变化，希望阅读能陶冶学生的心灵，启迪智慧，增长知识，开阔视野。希望学生们能广泛的阅读优秀的文学作品，传承人类优秀的文化，全面提高语文素养。

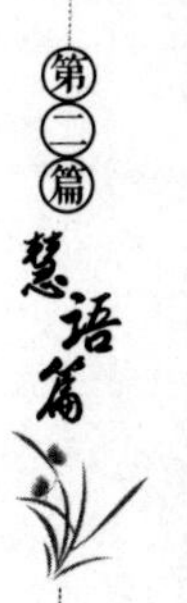

批注式读书方法可以提高阅读的质量

圈点批注法是古人读书时常用的读书方法，这种读书方法可以凝聚阅读的注意力，便于复习、巩固、查考，也是一种治学的方式。统编版初中语文七年级下册对圈点与批注的读书方法有专门的介绍。翻开 2019 年秋季全国统一的语文教材，绝大部分自读课文旁都有批注，足见编者对这种读书方法的重视。可是翻开学生的书，书上能看到的基本上是教师在课堂上所作讲解的记录，学生自己阅读的痕迹，却难觅踪影。学生不是没有进行自主阅读，而是已习惯于从教师那里接受知识。《义务教育语文课程标准》要求学生在阅读中“能有自己的情感体验”。要培养学生不动笔墨不读书的好习惯，培养学生的阅读鉴赏能力，提升学生的阅读品质，我认为做好课文的旁批是关键。

批注的方式大致可分以下三类：

一、赏析类

此类批注，可以从词语锤炼、修辞手法、人物描写、景物描写、布局谋篇、写作手法、立意等不同角度作批注。

例 1：《从百草园到三味书屋》：“不必说碧绿的菜畦，光滑的石井栏，高大的皂荚树、紫红的桑葚；也不必说鸣蝉在树叶里长吟，肥胖的黄蜂伏在菜花上，轻捷的叫天子（云雀）忽然从草间直窜向云霄里去了。单是周围的短短的泥墙根一带，就有无限的趣味……”

批注：这一段景物描写很精彩，第一，描写景物抓住了景物的特点，例如“光滑、肥胖、高大、紫红等词”；第二，形、声、色、味俱全，春、夏、秋景兼备，从视觉、听觉、味觉写得有声有色，有滋有味；第三，层次井然，条理分明。这一部分是从写景方法的角度作批注。

例 2：《紫藤萝瀑布》：“从未见过开得这样茂盛的藤萝，只见一片辉煌的淡紫色，像一条瀑布，从空中垂下，不见其发端，也不见其终极。”

批注：将一树盛开的紫藤萝花比作瀑布，显得气势非凡，灿烂辉煌。

“每一朵盛开的花就像一个小小的张满了的帆，帆下带着尖底的舱，船舱鼓鼓的，又像一个忍俊不禁的笑容，就要绽开似的。”

批注：用帆与船舱的比喻，生动、细致地描写了紫藤萝花盛开的状态，显得生机勃勃；比作笑容，更显得美好可爱，也抒发了喜悦的心情。这些是从修辞手法表达作用的角度作批注。

例 3：《走一步，再走一步》：“我提醒自己不要看下面遥远的岩石，而是注意相对轻松、容易的第一小步，迈出一小步，再一小步，就这样体会每一步带来的成就感，直到达成了自己的目标。这个时候，再回头看，就会对自己走过的这段漫漫长路感到惊讶和骄傲。”

批注：在人生道路上，不管面对怎样的艰难险阻，只要把大困难分解为小困难，一个一个地、认真地解决小困难，终将战胜巨大的困难，赢得最后的胜利。这一部分是从文章深刻的立意角度进行批注的。

例 4：《故乡》：“先前的紫色的圆脸，已经变作灰黄，而且加上很深的皱纹；眼睛也像他父亲一样，周围都肿得通红，头上是一顶破毡帽，身上只一件极薄的棉衣，浑身瑟缩着，那手也不是我所记得的红活圆实的手，却又粗又笨而且开裂，像是松树皮了。”

批注：这是人物的肖像描写，通过对比，将闰土受尽生活折磨，命运悲惨的形象刻画出来了。

《故乡》中中年闰土和“我”的对话也值得欣赏，中年闰土说话前的神态是“欢喜—凄凉—恭敬”，他说了七句话，前六句用断断续续的话表达自己的谦恭，最后一句还是用断断续续的话诉说着自己的苦状，说话后的神态是：“只是摇头，脸上虽然刻着许多皱纹，却全然不动，仿佛石像一般。”

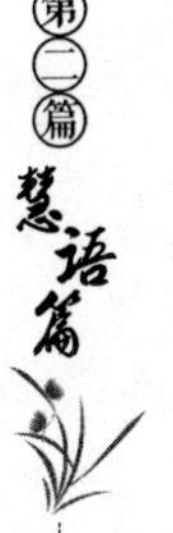

批注：通过神态和语言描写，写出闰土不仅为饥寒所苦，而且深受封建等级观念的束缚，他变得迟钝麻木，心中有说不尽，道不明的苦处。

再如《爸爸的花儿落了》一文中的双线结构；《那树》一文的托物寓意的写法；《孔乙己》中“条条青筋绽出”中的“绽”和“排出九文大钱”中的“排”都是在阅读中值得欣赏品味，做出精当的批注。

二、感悟类

这类批注就是将阅读过程中的所思、所想、所悟写下来，对课文的内容和表达写出自己的心得，提出自己的看法。既可引用名人名言、诗词、精美语段做批注，也可联系生活实例、典故做批注；既可写上几句话，也可采用微作文的方式写出自己的感悟或启示。可以与作者对话，也可与文本对话。不管应用哪种批注方式，最终达到的目的是让学生走进文本，认真地读，仔细地想，真切地感，逐渐地悟，个性地表达。这样的批注比较灵活自由，篇幅上没有限制，受到学生的欢迎。

例 1：《孤独之旅》批注：挫折磨难是锻炼意志，增加能力的好机会。（邹韬奋名言）

例 2：《唐雎不辱使命》批注：富贵不能淫，贫贱不能移，威武不能屈。（《孟子》名人名言）

例 3：《孟子》二章批注：贝多芬，身材矮小，相貌丑陋，一直患有重病，最后双耳失聪，就是在这种情况下，他坚持音乐创作，这位自尊心极强的音乐家仍然相信：“谁也无法战胜我，我要死死握住命运的咽喉。”他凭着超凡的毅力和奋斗精神从事音乐创作，写出《第九交响曲》《欢乐颂》等传世之作。（生活实例）

例 4：《那树》批注：大地上最悦目的颜色是绿色，大地上站立的最大的生命群体是森林，但是在今天，许多地方的绿色正逐渐被吞噬，他们在疾速奔驰的人类文明的车轮碾压下，成片成片地消失了，这不连街头那棵老树也未能幸免。（生活实例）

例 5：《我爱这土地》 批注：“爱得很深，所以心会疼”。（流行歌曲）

三、质疑类

“尽信书不如无书”，学生在阅读过程中应有自己的思考，所以教师应引导学生在阅读中把自己的内心的困惑、对文本的思考、不同的理解等写出来，培养学生质疑解疑的能力。

例 1：《大雁归来》中表达了作者对大雁的喜爱之情，为什么在文章第 9 段描写雁叫声是刺耳的？这样的描写与作者的情感是否矛盾？

例 2：《藤野先生》文章题为“藤野先生”，但有一半以上的篇幅没有直接写藤野，而是写清国留学生，写仙台医专得到的优待，写日本“爱国青年”的寻衅和看电影事件。这些事情与写藤野先生有什么联系？

语文教学中，应充分发挥学生学习的主动性和创造性。因为学生是学习的主体，教师是学习活动的组织者和引导者，教师要把课堂变为开放包容的课堂，把阅读文章的自由权还给学生，学生能大胆地想、自由地说、随心地写，批注式读书法就会逐渐被学生喜爱。

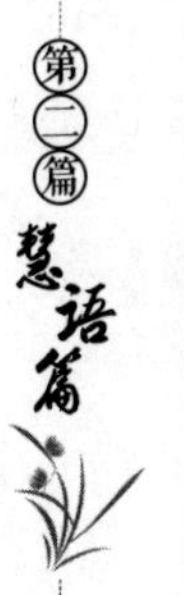

初中语文写作教学中的困惑与解惑建议

《义务教育语文课程标准》对写作的要求是：1. 写作要有真情实感，力求表达自己对自然、社会、人生的感受、体验和思考。2. 多角度观察生活，发现生活的丰富多彩，能抓住事物的特征，有自己的感受和认识，表达力求有创意。3. 注重写作过程中搜集素材、构思立意、列纲起草、修改加工等环节，提高独立写作的能力。4. 写作时考虑不同的目的和对象。根据表达的需要，围绕表达中心，选择恰当的表达方式。合理安排内容的先后和详略，条理清楚地表达自己的意思。运用联想和想象，丰富表达的内容。正确使用常用的标点符号。

作文的根本目的是交流思想、表达感情。第一步就需要有思想、有感情。第二步就是表达，即采取一定的方式把内心的感受、思想外化出来。教师所需做的就是教学生关注生活、学会感动；教学生学会把内心感受抒发出来的方法。

一、作文教学中存在的问题

（一）教师作文教学中的主要问题

1. 教学缺乏系统规划，比较随意。2. 指导学生观察感悟，不够到位。3. 写作缺乏方法指导，问题较多。4. 作文讲评重视不够，方法不当。5. 作文批改方式单一，费时低效。

（二）学生作文的主要问题

1. 缺少感悟和思考，主题不鲜明。2. 没有生活积累，虚构编造无真情。3. 作文程式化、模式化，出现雷同现象。

4. 观察不细致，描写不生动。5. 文体杂糅。6. 语言贫乏，语病较多。

二、写作教学中的困惑

（一）困惑之一：源于教师

第一，教师不重视写作教学备课，造成作文课堂教学随意化，随意、无序的作文教学，使作文课低效。第二，写作教学不规范。教师出现的首要问题是布置作文随心所欲，“临时抱佛脚”。其次，批改作文精批细改，费时低效。另外，讲评作文时，“头痛医头，脚痛医脚”，教师在写作教学上虽然花了九牛二虎之力，其结果是累了老师，迷茫了学生。第三，作文的训练量上不去。教师因为怕批改而降低作文训练的次数，“打游击”式的应付教学，不能保证作文教学的质量。

（二）困惑之二：源于学生

第一，生活单调。因为安全的考虑，无论学校还是家庭都不敢放手让孩子去经历和体验生活。即使有一些生活经历，因为学生不重视观察和思考，写作文时依旧没素材可写。第二，没有掌握审题、立意、选材、布局诗篇等写作知识，不会写。第三，语言积累得少，文章读得少，语文能力低，写不好。

三、解惑建议（教师篇——八个要）

（一）要备好作文课

教师对每个学期的作文教学任务、达标要求等，要依据单元作文目标，做到心中有数。结合学生的实际，制订出一个详细的写作教学计划，尽可能地写出一至三年的写作教案。

（二）写作课型要多样化

1．说课：（1）优美文章或语段赏析课；（2）七嘴八舌说作文，学生点评美文或作文。

2．读课：（1）老师有针对性地读范文；（2）学生自由读喜欢的片段或作文，举行“好文推荐”活动。

3．仿课：仿句、仿段、仿文。

茅盾说：“‘模仿’是创造的第一步，‘模仿’又是学习的最低形式”。指导学生进行仿文的训练，从仿句作起，逐渐仿段，仿文章的布局诗篇，仿写作方法等。每次仿写都目的明确，方法得当，循序渐进，逐步提高。

4．写课：

（1）写微作文：如作文的提纲、议论点题、景物描写、人物描写等。

（2）提供开头或结尾写想象作文。

如开头：还没进家门，就听见屋里妈妈的喊声："就你忙……"

结尾：我为妈妈夹一块西蓝花，为爸爸夹一块肉，心里美滋滋的。爸妈从战争到和平，是多么的不容易呀，我可是功臣呀！

如开头：陈奶奶家的大花猫——"咪咪"丢了。

结尾：夕阳下，陈奶奶抱着"咪咪"，冲我们挥挥手，开心地笑了。

（3）缩写、扩写、改写。

《义务教育课程标准》在写作部分指出"多角度观察生活，发现生活的丰富多彩，能抓住事物的特征，有自己的感受和认识，表达力求有创意。""合理安排内容的先后和详略，条理清楚地表达自己的意思。运用联想和想象，丰富表达的内容。""能从文章中提取主要信息，进行缩写；能根据文章的基本内容和自己的合理想象，进行扩写；能变换文章的文体或表达方式等，进行改写。"

（4）命题作文、半命题作文、话题作文、材料作文等。这些写作老师们比较重视，在这里就不赘述了。

（三）平时写作要生活化

引导学生观察生活，思考生活，反映生活，写出自己独特的感受，只有生活化的写作，学生才会有话可说，有事可写。所以要关注学生写随笔、观察日记、班级日记等活动的指导。

（四）在作文训练上需要增加篇数

坚持多写多练，凡遇教材上可以运用的写作资源，生活中可以利用的写作资源决不放过。作文每学年一般不少于 14 次，其他练笔不少于 1 万字，45 分钟能完成不少于 500 字的习作。

（五）在作文途径上要读写结合，相辅相成

教师需要从学生读写实际出发，制定相对应、细致可行的写作教学目标，教师在进行阅读教学时有明确的写作目标，读写一体，使得阅读教学能够对提升写作水平产生影响，达到由阅读教学促进写作教学的目标。我以统编版初中语文七年级上册第一单元为例，第一课《春》，阅读教学目标之一：品味精妙词语、比喻及拟人修辞手法，提高语言分析能力。写作目标设定为：1. 发挥想象，写一个比喻句来歌颂春天。2. 选择自己最喜欢的一个景或物，细致观察，写 100 字左右的观察日记。第二课《济南的冬天》，阅读教学目标：1. 品味语句，体会拟人手法的表达效果。2. 品味情景交融的写法。写作目标设定为： 1. 选择文中最喜欢的两个比喻或拟人句仿写。2. 选择自己喜欢的景物，采用情景交融的方法写 100 字左右的片段。所以，在阅读上多用功，在作文时就轻松；阅读写作多结合，写作教学少烦恼。

（六）在作文批改上要培养学生自改、互改能力

《义务教育语文课程标准》：根据表达的需要，借助语感和语文常识，修改自己的作文，做到文从字顺。能与他人交流写作心得，互相评改作文，以分享感受，沟通见解。

1. 自改、互改的形式：可以是学生自己的文章，也可以互相修改；也可以是在教师指导下自改，也可以是在教师批改的基础上修改。

2. 自改、互改的方法：在学生批改之前，参考中考作文评分标准，教师制定出较为简明的、易为学生掌握的作文评分标准。

3. 具体做法：

（1）学生自改、互改流程。

以记叙文为例：作文题目有无问题？作文的中心是什么？开头、结尾是否点题？记叙是否完整（六要素）？写人的记叙文，采用了哪些人物描写的方法，起什么作用？事情的叙述是否完整？是否用景烘描写，作用是什么？

（2）附概述。将文章内容和主题用一两句话概括出来，作为该篇作文的附录一并交上。

（3）写感悟。作文通过自改、互改、师评等环节回到学生手中后，最后学生通过这些环节写点反思。

（七）在激发兴趣上，要编辑班刊或作文集，学生自己插图、设计，培养学生写作兴趣，锻炼综合能力，让学生获得成就感

（八）在示范引领上，教师要“下水”作文

四、解惑建议（学生篇——四重视）

1. 重视观察和感悟

引导学生通过观察、调查、访谈、阅读等途径，获得丰富的写作素材，只有这样才能表达真情实感。学生写作时最大的问题是感觉生活中没有值得写的事。是学生没有生活吗？是学生缺少观察和思考生活的能力。学生写作训练的前提是要具备观察生活、思考感悟生活的习惯。要张开慧眼，打开慧心，关注生活，因为生活是写作的源泉。写作不是单纯的写作技能的训练，而是学生“生命的独白”和“心灵的对话”。教会学生从自己的生活中去寻找作文的素材，可以组织语文活动，丰富学生生活（组织辩论赛、编写课本剧、寻找最美对联、“啄木鸟行动”等）。引导学生表达自己对自然、社会、人生的感受、体验、思考。可以让作文内容生活化，引导学生写出真实感受。

2. 重视思维能力的培养

写作的能力的培养首先是思维能力的培养，其次才是表达。教师要善于用发生在学生身边或身上的事引导学生思考、分析，探究事物的本质。还需培养学生的发散性思维、创造性思维，只有这样学生才会突破定势思维，有所创新。

如：考试作弊之诚信；师生矛盾之我见；校园老树发新芽；小胖的体育课糗事；课外辅导的烦恼；妈妈的相册；爸爸的珍藏……

3. 重视作文的修改

修改作文建议“一课一得”，每次作文修改实现的目标不必太多，修改错别字，语言不通顺等问题时，教会学生使用修改符号。根据每次的训练目标，设定修改任务，如开头和结尾的呼应，结尾是否点题、人物是否生动，布局谋篇是否严谨等。在修改前教师为学生讲解必要的写作知识，让学生有纲可循。

4. 重视成长的记录

从入学开始，准备一个写作的成长记录袋，将每次得到老师肯定和好评的作文放到记录袋中，一学期一总结，进行自我评估和反思，梳理写作上的得失，下一个阶段提高自我要求，扬长避短，促进写作的进步。

阅读让学生个性张扬

《义务教育语文课程标准》指出："阅读是学生的个性化行为。"语文教学在培养个性发展方面能够发挥重要的作用，一个人有个性才能焕发生命的独特风采，有个性才有创新。在阅读教学中充分发挥教师的主导作用和学生的主体作用，教师把阅读理解的自主权交给学生，让学生自己走进文本，在文本中自由探究、个性解读。

一、阅读方式和内容选择表现个性

学生本是一个个具有独特个性的鲜活生命，教育家叶澜提出："把课堂还给学生，让课堂充满生命的气息。"所以当学生进行阅读时，要让学生选择自己喜欢的方式，选择喜欢的内容来阅读。有的学生喜欢默读，独自沉浸在阅读中；有的学生喜欢速读，想要快速地了解文章内容；也有的学生读得很仔细，边读边做旁批；还有的学生会几个聚集在一起，放声朗读。教师在阅读教学中可以鼓励学生们选用自己最喜欢的方式来阅读。这样不仅仅能使整个课堂气氛活跃起来，更重要的是学生在这种轻松愉快的环境下，通过选择自己喜欢的方式和最喜欢的部分读一读，充分体现了学生阅读中的自主性。比如在学习《走一步，再走一步》一课时，让学生选择最喜欢的一段来读。大部分学生都会选择"我在爸爸的引导下爬下悬崖"这一段，这一段恰恰也就是文章的重点部分，对这段的阅读自然就能让学生感悟出"在困难面前不畏

惧，学会分解困难，化解困难”这一主题。

二、圈点批注张扬个性

学生在自主阅读时，可以从作品的内容、结构、写作手法，语言特色等方面着手，或展开联想、想象，补充原文内容，或写出心得体会，提出自己的见解。在思考、分析、比较、归纳的基础上，用线条、符号或简洁的文字加以标注。

每一个阅读者在阅读时会融进自己的独特的理解和体验。如在教完《那树》这一课后，教师鼓励学生用一段话写出自己内心的感受。于是他们有的义愤填膺地发表小演讲批评了人类的恶行；还有的奋笔疾书，写出了保护大自然的宣传标语等。如教《生于忧患 死于安乐》一课，教学这样设计：“文章开头一段列举了六位历史人物的事例，用简洁的语言写出你的感悟”，凸显了学生学习的主体地位，尊重了学生的个体差异，培养了他们的个性。

三、质疑解难引导个性探究

教师在教学中要引导学生在求知的过程中质疑解疑。因为提出问题往往比解决问题更重要，这样的教学才能发挥学生的主动性，激发学生主动探究知识的欲望。如《藤野先生》一课教师在学案中设置问题：藤野先生仅是一所普通医学专科学校的一位先生，鲁迅先生为什么会用“伟大”这个词语来赞扬藤野先生呢？请认真阅读文章用概括性的语言写出来。学生通过阅读和思考对文本有了自己的看法，在质疑解难中，学生也加深了对课文的理解，获得了思想启迪。

四、与文本对话激发个性

《义务教育语文课程标准》指出：“阅读是学生的个性化行为。阅读教学应引导学生钻研文本，在主动积极的思维和情感活动中，加深理解和体验，有所感悟和思考，受到情感熏陶，获得思想启迪，享受审美乐趣。要珍视学生独特的感受、体验和理解。教师应加强对学生阅读的指导、引领和点拨，但不应以教师的分析来代替学生的阅读实践，不应以模式化的解读来代替学生的体验和思考；要善于通过合作学习解决阅读中的问题，但也要防止用集体讨论来代替个人阅读。”阅读就是对话，阅读教学是学生、教师、教科书编者、文本之间对话的过程。要培养学生个性化阅读的能力，教师要巧妙地为学生创设对话的情景，搭建对话的平台。

学生是与文本对话的主体，让学生以对话主体的身份进行对话，培养学生思维，促进学生的理解和体验，让学生得到最真实的情感和最深刻的感悟。以《猫》为例：教师先引导学生：“这是一篇能给人以启迪的文章，我们边读边想象我们是第三只猫，并没有死，正在与作者对话，你觉得猫会说什么？”将这个情节改编成小课本剧。这一教学环节引导学生与作者、与文中人物展开对话，教师在教学的过程中，适时地引导学生，这样学生对文本的个性理解和体验就会更加深刻了。

教师与学生对话更多的是启迪，是唤醒，是点燃。如教读《背影》一课，教师提问：“我觉得文中的父亲不高大，还不善言辞，做的事也很普通，你们怎么看？”请写出你的观点和依据。在师生平等的对话中，关注了学生个性化的理解。

学生与学生之间的对话要通过合作来实现。小组合作学习使学生处于一个学习共同体中，学生表达自己的见解或提出自己的疑问，聆听别人的见解，交流各自的主张，这样的对话才真正有意义。如在上《孔乙己》一课时教师提出问题：“造成孔乙己悲剧的原因是什么？请从文中找出依据，用波浪线勾画出来，以小组为单位写一份探究报告。”学生在争论、交流、合作中会激发阅读活力。

在学生与文本对话的过程中，教师引导学生敞开心扉，将自身的体验和理解融注到文本之中，进入到作者或主人公的内心世界，与他们进行心与心的交流和融通。如《我的叔叔于勒》一课，教师提出这样一个问题：“假使你是若瑟夫，你会对爸爸妈妈或者于勒叔叔说点什么？请用书信的方式写出来。”这样的问题激发了学生的个性思维，也很好的引导学生进入文本与文本对话。学生只有沉入文本之中才能引起他们独特的情感体验，从而取得与文本的共鸣。

五、联想和想象中放飞个性

爱因斯坦指出：“想象力比知识更重要，因为知识是有限的而想象力概括着世界的一切，推动着进步，并且是知识进化的源泉。”在语文教学中要培养学生的联想和想象力，引导学生积极思考，大胆想象。在教学中要为学生创设想象的机会，设计探究性学习，激发想象力。

阅读《孔乙己》，想象孔乙己是怎样死的；阅读《阿长与山海经》，想象阿长是怎样买到《山海经》的；阅读《生物入侵者》，想象斑贝入侵北美湖泊的情景等等，语文教材中培养学生联想和想象力的素材数不胜数。尤其是诗歌教学，在阅读教学中引导学生领悟诗歌所蕴含的意境，发挥联想和想象将诗歌中的画面用描述性的语言描写出来，这个教学环节既是读写结合，又是联想和想象力的训练。如学习王湾的《次北固山下》，请欣赏展开想象，用生动形象的语言描绘“潮平两岸阔，风正一帆悬”展现的画面。如学习岑参的《白雪歌送武判官归京》，展开想象，描写“忽如一夜春风来，千树万树梨花开”所展现的塞外奇景。因为《课标》在写作部分对学生的要求是：能根据文章的基本内容和自己的合理想象，进行扩写；运用联想和想象，丰富表达内容。

再如学习完七年级上册第六单元后，结合单元写作训练：发挥联想和想象，设计如下：你有没有憧憬过最喜欢的校园和教育呢？你觉得理想中的校园是什么样子的呢？在做什么？又有着怎样的精神面貌呢？请以“如果可以这样”为题，发挥联想和想象写一篇文章。此写作训练是阅读教学后的延伸，半命题为学生的自主写作提供有利条件和广阔空间，鼓励写想象中的事物，减少对学生写作的束缚，学生在自由表达和有创意的表达中张扬个性。

六、议论说理中培养独特的思辨能力

思辨主要指思考、辨析、判断、推理等活动。初中的孩子比较喜欢记叙类文章，对议论文不感兴趣，觉得枯燥无味。《义务教育语文新课程标准》指出：“阅读简单的议论文，区分观点与材料（道理、事实、数据、图表等），发现观点与材料之间的联系，并通过自己的思考，做出判断。” 通过议论文学习，能提高学生逻辑思维能力，培养深刻的思辨性。

在记叙文阅读教学中，设计与文章内容关联紧密的思辨话题，引导学生探究、分析、辨别、表达，加深对文本的理解，提高思辨能力。在议论文教学中，加强逻辑思维训练，让学生学会有条理地、严谨地表达自己的观点；学会分析观点与材料，分论点与总论点的内在逻辑关系，弄清文章内在的逻辑思路。如阅读《敬业与乐业》《应有格物致知精神》，要求学生就文章的论证思路画思维导图。再如阅读《生于忧患死于安乐》时，为加强论证的训练，根据观点选择典型材料作论据，用准确的材料支撑观点，把道理说透彻，以理服人。设计在第三段补充一正一反两个事实论据证明观点；或结合链接材料联系现实说说观点的现实意义。还可适时组织辩论赛，对学生进行思辨能力培养。

坚持长期的训练，你会发现学生思考问题逐渐深刻，辨析说理思路清晰了，具备独特的思辨能力了。

七、科学探索中培养个性思维

中国学生发展核心素养之一是科学精神，就目前中学语文教学的实际情况来看，对学生科学精神的培养还需要加强。

《义务教育语文课程标准》指出：“阅读科技作品，应注意领会作品中所体现的科学精神和科学思想方法。”阅读《生物入侵者》，教师设计问题：针对“生物入侵者”增多的原因和途径，请写出几条防范措施。阅读《奇妙的克隆》，教师设计问题：科学是一把“双刃剑”，文中也说，有关克隆的讨论提醒人们，科技进步是一首悲喜交集的进行曲。克隆技术在不断发展，克隆人的出现不是没有可能，如果有一天你被克隆了，你的生活会发生什么变化，请发挥想象写成一篇300字左右的短文。

设计这样的题目是为了激发学生对科学探究的兴趣。综合探究题，引导学生思考人与自然的关系。开放性的题目与其他学科融合，学生在研究性学习中，能主动进行探究学习，培养探究意识，学习科学的思想方法，逐步养成实事求是，崇尚真知的学习态度，学生在科学探索中逐渐凸显个性。

在个性化阅读过程中，要求学生养成做批注和摘抄精美语段的习惯，让他们大胆写出自己独到的见解、真实的感悟，培养学生理解、欣赏、评价和运用语言文字的能力。

阅读与写作一体化教学策略研究

叶圣陶先生在谈语文教学时说："阅读是吸取，写作是倾吐。"阅读与写作是语文教学不可分割的两个重要部分，我们在语文教学中，应该把读写有机结合，在阅读教学中渗透写作训练，在写作训练时运用阅读知识。读是写的基础，借助课本的范文作用，把阅读教学和写作训练有机联系起来，以读促写，读写结合，是提高学生写作水平的一条捷径。语文教师梳理出阅读和写作教学的契合点，开展阅读写作一体化训练，这样能够促进学生听、说、读、写语文素养的提高。

一、围绕单元读写契合点，教学中注重一体性

教师需要整体把握教材，在阅读教学设定目标时，从学生读写实际出发，也要制定相对应、切实可行的单元写作教学目标。教师在进行阅读教学时有明确的写作目标，就比较容易实现读写一体，使得阅读教学能够对提升写作能力产生影响，达到由单元阅读教学促进写作教学的目的。

如七年级上册第一单元主题是"四季美景"，阅读篇目是《春》《济南的冬天》《雨的四季》《古代诗歌四首》，几篇散文阅读能力训练均是品味文中精彩语句，体会语言之美、情感之美。本单元的写作训练主题是：热爱生活，热爱写作。整合阅读教学和写作教学知识点后，梳理出读写结合的点，即训练学生观察景物，运用修辞手法和精准生动的词语描写景物，抒发感情。在阅读教学时引导学生对文中写景的语段进行赏析，拓展到写作教学时做如下写作设计：相信，同学们一定有许多大自然游览、见闻、感受、想法令你印象深刻，请以“________印象”为题写一篇不少于500字的文章，写出对大自然美景独特的感受。

写作指导：1. 观察生活、感受生活，从生活中发现自然之美、人情之美。2. 学会捕捉生活中有趣的、有意义的或给自己留下深刻印象的瞬间，记录自己最真实的感受和体验。

再如七年级上册第二单元主题是“至爱亲情”，阅读篇目是《秋天的怀念》《散步》《散文诗两首》《世说新语》，本单元大多是写人记事的文章，阅读知识点是叙事清楚，有真情实感，本单元写作训练的主题是：学会记事。在阅读教学时引导学生梳理文章脉络，把握记叙文要素，领悟作者思想情感。

将阅读和写作知识点整合后做如下写作设计：成长是无尽的阶梯，需要一步一步地攀登。成长路上有欢笑有感动，也会有泪水有悲伤，这些构成了人生的丰富多彩，一点一滴都是生命中宝贵的财富，在你成长的过程中有什么经历让你深受感动，难以忘怀。请以“成长过程中难忘的事”为话题，打开你记忆的闸门，攫取生命中难忘的事。

写作指导：学会围绕中心完整清楚地叙事，交代好事件的要素，处理好叙事的详略，安排好叙述的顺序。写作要说真话、实话、心里话，不说假话、空话、套话。有真情实感，力求表达自己对自然、社会、人生的感受、体验和思考。

二、结合七至九年级阅读和写作训练的序列，教学力求一体化

语文老师心中要有作文训练的系统规划。古人云：“只有运筹帷幄之中，才能决胜千里之外。”教师要明确每学期学生要达到的读写能力点，从每节课到每学期再到每学年，读写训练形成一个序列。所以我们应努力梳理出统编教材七至九年级的阅读和写作训练序列，通过系统化的教学，使初中三年的读写教学形成一个整体。

三、围绕课内外群文阅读，在拓展教学中做到一体化

结合名师工作室编撰的课外读本《书香满园》开展群文阅读，将这一组文章的阅读与写作的相同的知识点梳理出来，通过一组文章的阅读，巩固课内知识，再延伸到写作。采用群文阅读的方式，学生在写作时思路会更开阔。如：《叶圣陶二三事》的群文阅读《怀念圣陶先生》《琐忆》，这三篇都采用了以事写人的

写法。在阅读时设计问题：前两篇作者回忆了与叶圣陶先生交往的五个事件；《琐记》回忆了与鲁迅先生谈的七次交谈，请大家把这些事找出来，并用最简要的话概括。通过阅读教学引导学生梳理文章，学习写人记事文章如何选材。即作文的选材有“四要”，材料要真实、要新鲜、要精致、要有味，所以要勤于积累，平时养成积累材料的好习惯。然后结合本单元的写作训练“学会选材”设计的写作题目：“__________二三事”，循序渐进地进行材料应用的训练。

如《一棵小桃树》的群文阅读《草记》《三角梅》，《一棵小桃树》赞颂了小桃树同命运抗争的顽强精神，表达了作者不屈不挠，执着追求幸福人生的思想情感。《草记》赞颂了佛手肿顽强的生命力。《三角梅》告诉我们生命的成长有自身的规律，有时并不被我们察觉，它是一个漫长的过程，需要静静地等待。只有在不断地坚持、拼搏，才能够绽放出生命的美丽。在群文阅读教学中引导学生留心观察身边的事物，一人一物都是景，一枝一叶总关情，世界万物总会带给我们很多启发，学习通过对景物的描写，寄托自己的志向和追求。学生在群文阅读中学习散文的写作方法。教师设计片段写作训练：选择你喜欢的景或物，描写景物，采用托物言志的写法写一段话。学生在有相关性的阅读文本中学习写作技能。课内与课外阅读知识一体化，阅读写作及个性培养一体化，有效地提升语文素养。

四、学生与教师读写同步，丰富一体化的内涵

要培养学生阅读和写作个性，老师们要率先垂范，撰写“下水”作文。为激发学生的学习兴趣，开展同题阅读和写作活动。

叶圣陶先生说过：“语文老师教学生作文，要是老师经常动动笔，或是作跟学生相同的题目，或者另外写些什么，就能更有效地帮助学生，加快学生的进步。”叶圣陶先生说的老师经常动动笔就是语文老师应该经常下水写点文章，

在同题阅读和写作中，教师在思想、人格上会潜移默化地影响学生。“下水”作文时，教师的构思、选材、写法是一种引导。师生同题作文，学生感受到的是好奇、亲切，融洽了师生关系，拉近了师生心灵的距离。

语文老师在作文教学中多写“下水”作文，并适时展示给学生听、给学生看。在师生同题读写的过程中教师要牢记，学习的主体是学生，教师只是学生学习的引导者、组织者和合作者。要多搭建展示学生成果的平台，让学生尝试到阅读和写作带来的快乐，老师本身也会从自己的写作过程中获得精神的愉悦和享受。

如七年级下册第五单元写作实践：选择你喜欢的景或物，描写景物，采用托物言志的写法写一篇不少于500字的文章。

【学生习作】

静待花开

西宁市第一中学　八年级二班　卢佳

那是一个天气不错的中午，我和爸爸坐了一个小时的公交才到达城北的北川湿地公园。一进公园，映入眼帘的是横跨在湖面的一座高大巍峨的桥，它静静地屹立在那里。站在桥上，微风拂面，顿时感到凉飕飕的，好惬意啊。

走过大桥，紧接着又出现了月牙般的“玉带桥”。她站在湖面上露出了粉妆玉砌的身体，像一个小姑娘坐在透明的水面上。站在桥上的我痴痴地看着如玉般的湖水。

湖里的水真亮啊，阳光洒上去，像照在一面大镜子上发射出一道道亮光，刺得我睁不开眼睛。微风吹过，蓝蓝的湖水便会泛起一层层粼粼的水光，一圈圈荡漾的碧波好像琴弦弹奏出的美妙乐曲。湖水真清啊，能够清晰地看到池底的鱼儿成群结队的游来游去，在嬉戏玩耍。不远处，小巧玲珑的亭台楼阁吸引住了我的目光。在湛蓝的天空下，红色的琉璃瓦重檐屋顶，底下是黑色的大圆柱，殿檐斗拱、额枋装饰着青蓝彩画，漂亮极了。这些楼阁倒映在湖水中，胜似传说中的水晶宫。看到这美景我不禁赞叹起来：真是“舟行碧波上，人在画中游啊”。

听旁边的阿姨说，这原本是一个荒凉的大湖，四周都长满了野草，垃圾也是随处可见。因为这地势低、偏远，又加上环境不好，所以以前是人烟稀少，这北川湿地公园啊，上星期才开园。

听着阿姨的话，再看看这如同世外桃源般的北川湿地公园，我不由得震惊了。

在很多时候，我们或许身处逆境，也或许觉得自己的人生已经糟糕透了，又或许本来就是一朵鲜花，但却痛苦浸满了心中——无人欣赏。那你不妨静静地等待下去，承受岁月的考验，时间的洗礼，厚积薄发，相信生命终有绽放的那一刻。

我在静静地等待着花开的那一天。

【评析】

小作者观察仔细，描写精准，运用比喻和拟人的修辞手法，写出了湖水的亮

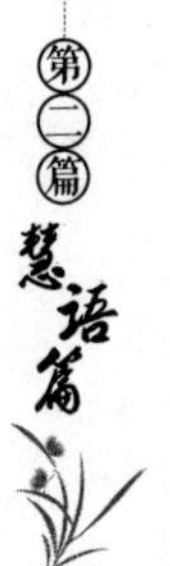

和清的特点。通过北川湿地公园今昔对比，揭示文章主题：人生要承受岁月的考验，时间的洗礼，厚积薄发，相信生命终有绽放的那一刻。

【教师作品】

好一棵碧桃树

张晓慧

（西宁市第一中学教师　青海省初中语文名师工作室主持人）

那天，经过人民街去办事，虽已五月，天气还是有些冷。路上行人并不多，街道显得有些清冷。

不远处，隐隐看到一片粉色。越走越近，眼前是一树灿烂的红霞。那是棵两米多高的碧桃树，粉红色的碧桃花一朵挨着一朵簇拥在一起，粉嘟嘟的花瓣，嫩黄的花蕊在春风中轻轻颤动，甚至看不清每朵花的模样，看到的只是一条条花枝，不见其发端，只在每条的末梢才能看到一些欲绽的花苞。

站在树下，花枝覆盖着头顶，就像春姑娘赐予人间的一把粉色的大伞，真是美极了。我踮起脚尖凑到花枝前，一股清香扑面而来，令人陶醉。

我饶有兴趣地端详着这神奇的花树。它紧挨着一幢老楼的墙边生长着，它是由三棵树植在一起的，每株树的树干并不粗壮，仅有杯口粗，树干是黑褐色，横斜的树枝交错，如同树的经脉一样。我默默地赞叹，这得积蓄多大的能量，才能绽放这一树的繁花呀！

它的树干与背后斑驳的老楼的墙，见证了岁月的沧桑。那“花伞”因一边被墙挤着，树冠向路边倾斜着。路边的汽车聒噪地鸣笛，飞驰而过卷起一阵轻尘，可碧桃依旧静静地立在路边，努力张开如盖的花伞，为人间送上春天。

望着眼前这巨大的“花伞”，我不禁浮想联翩。人也应该和这树一样，无论身处何地，无论是否被人重视，只要不自弃，经受岁月的洗礼和时间的考验，积蓄能量，为赢得生命的辉煌拼尽全力。

【评析】

文章采用托物言志的写法，描写了一株美艳的碧桃树。采用由远及近，由高到低，由中间到四周的写景顺序，条理清晰地写景状物。在描写碧桃花时从形、色、味、态几个角度细致描绘，通过碧桃的生长环境揭示主题：只有坚守自我，不言弃，努力拼搏，才会拥有辉煌的人生。

本人梳理出统编初中语文教材每课的读写教学契合点，以及教材和课外读本《书香满园》的读写教学契合点，开展阅读和写作一体化教学，力求提高学生的阅读和写作能力。

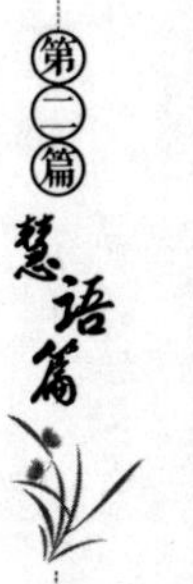

腹有诗书气自华

——谈谈利用古诗词进行作文教学

中国是诗词王国，中国的诗词历史悠久，源远流长。统编版初中语文教材全套六册，收录的古诗词共有 84 首，其中课内的 36 首，附录的《课外古诗词》48 首。这些作品既有写景抒情诗，也有咏物言志诗；既有即事感怀诗，还有怀古咏史诗等，这学生提供了极为丰富的写作素材。古诗词教学有助于作文教学，可以在诗词教学时引导学生积累词汇，借鉴独特的构思，精巧的布局，生动的修辞手法和表现手法等。

一、古诗词教学与作文教学知识的融合

（一）修辞方法的学习

修辞方法是诗人在创作时经常使用的手段，它能使语言生动形象，增强诗歌的感染力与表现力。古诗词在修辞的运用方面，用得最多的是比喻。如：“春蚕到死丝方尽，蜡炬成灰泪始干”（李商隐《无题》），以两个生动的比喻表白自己对所爱的人至死不渝的深情。再如“征蓬出汉塞，归雁入胡天”（王维《使至塞上》）运用了比喻的修辞手法，写诗人被排挤出朝廷的惆怅，内心的孤独、激愤和抑郁之情。通过学习古诗词中修辞手法，启发学生在写作中学习使用恰当的修辞方法来表情达意，使文章文采斐然。

（二）增加语言积累

古代文人十分讲究炼字炼句，往往为了一个字而冥思苦

想，反复锤炼，以求达到着一字而境界全出的效果；故杜甫云：“为人性僻耽佳句，语不惊人死不休”。如王湾的《次北固山下》中“潮平两岸阔，风正一帆悬”中一个“阔”字，既生动传神地表现出平野开阔，大江直流，波平浪静的美景，又写出了春天一到，大地春回，冰雪消融，春意已浓的景象。再如杜甫的《春望》首联“国破山河在，城春草木深”中一个“深”字，写出了虽然春天已降临长安城，然而眼前乱草丛生的景色，令人满目凄然，痛切地传达了诗人忧国伤时的感情。古诗词中的有许多精妙的词语，可谓一字千金，在学习时通过品味欣赏，可以增加学生的语言积累。

（三）学习写作方法

古诗词在写法上讲究情景交融、虚实相间、动静结合、烘托映衬等，这些能为学生的写作提供很多借鉴。

如《观沧海》中“水何澹澹，山岛竦峙。树木丛生，百草丰茂。秋风萧瑟，洪波涌起。”描写大海和山岛，海水荡漾是动态描写；山岛耸立是静态描写；百草丰茂是静态描写，洪波涌起是动态描写。运用动静结合的方法描绘了山岛的蓬勃生机和大海的苍茫辽阔。

二、利用古诗词进行作文教学的方法

利用古诗词进行作文教学方法多样，形式自由。既可以在作文中引用、化用古诗词，也可以改写古诗词，还可以让学生给古诗词写点鉴赏文章。

（一）在作文中引用、化用古诗词

统编版初中语文课本选入的名篇中，就有多篇引用诗词。如朱自清在《春》中引用志南和尚的《绝句》中的诗句“吹面不寒杨柳风”来写春风的柔和。在作文中恰当引用、化用古诗词，可使作文的语言带有诗意，增添文采。

如中考满分作文《少年愁》是这样写的。开头：辛弃疾曾吟过这样一首词：“少年不识愁滋味，爱上层楼；爱上层楼。为赋新词强说愁。”我们这些跨世纪的少年，却早就品尝了愁滋味。这不是“强说”而是“实说”的少年愁，日甚一日的压着我们这些嫩胳膊嫩腿的莘莘学子。结尾：但不管怎样，我还是要对所有“不知愁”和已尝过“愁滋味”的莘莘学子说：“少年要懂愁滋味，少年要盼愁滋味，少年不忘愁滋味，少年不畏愁滋味。”这篇文章开头引用辛弃疾的词；结尾又化用，起到了升华主题的作用。当然，引用诗词时一定要自然，千万不能为引用而引用。总之，巧妙引用、化用古诗词，能使你的作文语言鲜活，还可以显示出深厚的文学素养。

（二）对古诗词进行改写

教材中有许多叙事性较强的诗歌，如《木兰诗》《茅屋为秋风所破歌》《石壕吏》等，可指导学生将它们改写成记叙文或者续写。在改写时先给学生提供范文。

如改写王维的《使至塞上》：在空阔的大路上，我坐着一辆马车，独自一人奉命远赴边疆，去慰问将士们，同时察访军情。要到达西北边塞居延那里，路途遥远，我却形单影只，倍感寂寞凄凉。马车还在继续行驶，我感觉自己如同随风而去的蓬草，流落在外，孤苦伶仃，无依无靠；又如同北飞的雁儿，飞进了胡人居住的地方。

行进在浩瀚无垠的沙漠中，放眼望去，浩瀚沙漠延绵千里，大漠中一缕孤烟在升腾，望着望着，孤寂之情直入内心。想着想着，让我黯然神伤。俯瞰蜿蜒的黄河，黄河水弯弯曲曲地流淌着，圆圆的落日低垂河面，河水闪着粼粼的波光。这大漠、孤烟、长河、落日相互辉映，是一幅多么雄浑壮丽的塞外风光图呀。

在萧关遇到了骑着快马的侦察兵，对我说都护正在燕然那里的边防前线防御敌军，戍守疆土。侦察兵乘马飞奔而去，留我一人在这荒漠之中，眼前只剩下奔马扬起的一片灰尘。

改写前先引导学生分析这首诗的写法，再让学生改写。改写可长可短，不对学生过多限制。要让学生掌握改写的技巧，如让学生根据表达的需要选择人称；选择采用顺叙或者倒叙；补充细节，刻画形象，抒发情感等。通过对古诗词的改写，既可加强对诗词的理解，又可以培养学生的思维、想象力和表达能力。

（三）给古诗词写鉴赏文章

写鉴赏文章一方面可提高学生的写作水平，一方面也让学生把自己学到的一些鉴赏知识活学活用在作文里，还能进一步增强学生对所学诗词的理解把握。教师先给学生讲解鉴赏诗词的写法，再给学生提供范文，并进行必要的指导，可让学生先就古诗词一两句写简短的鉴赏，再逐步过渡到从作品的内容、主旨、写作手法等方面写综合性的鉴赏文章。

如我在教学中提供给学生的鉴赏范例是李煜的《相见欢》。

1. 精妙的词语鉴赏

（1）“无言独上西楼”句中“独”字表达了作者孤独寂寞的情感。

（2）“寂寞梧桐深院锁清秋”中的“锁”用得好。“锁”字要从李煜的身世遭遇去理解，作为一个亡国之君，限制了人身自由，就是独自在院子里也有被锁的感觉，词人不禁“寂寞”情生 ，“寂寞”的不只是梧桐，即使是凄惨秋色，也要被“锁”于这高墙深院之中。而“锁”住的也不只是这满院秋色，落魄的人，孤寂的心，思乡的情，亡国的恨，都被这高墙深院禁锢起来，“寂寞梧桐深院锁清秋”，锁的不只是一院清秋景色，还有清秋里的人，所以有一语双关的作用。

2. 修辞手法鉴赏

（1）“月如钩”“如钩”用比喻写出月形，那如钩的残月勾起了词人的离愁别绪，烘托出悲凉凄惨的气氛。

（2）“剪不断 ，理还乱，是离愁”用比喻将愁比作麻线，将抽象的情感形象化。

延伸拓展：古诗词中写“愁”的精妙诗句：将愁写得有长度的是“问君能有几多愁，恰似一江春水向东流”（李煜《虞美人》）， 将愁写得有重量的是“只恐双溪舴艋舟，载不动许多愁”（李清照《武陵春》）。

3. 鉴赏意象

“残月、寂寞梧桐、深院、清秋”这些意象（景物），这一切无不渲染出一种凄凉的境界。

通过教学，教会学生鉴赏诗歌的角度和方法，再要求学生鉴赏苏轼的《水调歌头》，引导学生从独特的构思、借景抒情的写法、月亮意象和揭示的人生哲理等方面写出鉴赏文章。

（四）用古诗词拟题

借用古诗词中的词句做文章的标题，既富有文采，文学气息浓厚，又容易把读者带入文章所创设的情境。

如台湾作家三毛的小说《蓦然回首》引用的就是宋代词人辛弃疾《青玉案元宵》中“众里寻他千百度，蓦然回首，那人却在灯火阑珊处”的词句；琼瑶的《庭院深深》也是化用了词句“庭院深深深几许”这些题目都引用了诗词名句，既具有浓厚的抒情色彩，又蕴含深刻的含义。

古诗词的引用、化用也好，改写也好，写鉴赏也好，都不能偏离原作，不能天马行空地乱写。老师在给学生布置写作任务之前，要带学生将原作学通学透，避免出现曲解诗词原意的情况。虽然利用古诗词进行作文教学有诸多益处，但不能急于求成，应循序渐进。

相信老师们积极利用教材中的古诗词进行作文教学，一定会提高学生的写作水平。

开发语文课程资源
迎来语文教学春天

《义务教育语文课程标准》指出："语文教师应高度重视课程资源的开发与利用，创造性地开展各类活动，增强学生在各种场合学语文，用语文的意识，多方面提高学生的语文能力。"因此，开发语文课程资源是每一个语文教师必备的能力。课标还指出："语文课程资源包括课堂教学资源和课外学习资源。"课程资源是为教学的有效开展提供的各种可被利用的条件，从广义上来讲，课程资源指在教学过程中被教学者利用的一切要素，包括支撑教学的、为教学服务的人、物、信息等。作为青海省初中语文名师工作室主持人，我带领工作室成员在教学中积极开发了许多课程资源。

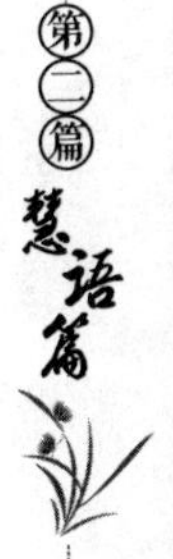

一、阅读资源的开发

语文教材作为重要的课程资源，有着不可替代的价值，一篇篇精心挑选的文本材料，具有典型性和示范性，是语文学科知识极好的载体。但是，如果学生一学期只是阅读教科书上仅有的二十几篇文章，想要提高语文素养是很难的。学生需要在教师的引导下广泛地阅读，深入地思考，语文素养才能逐步提高。我带领工作室成员编写了统编版初中语文课外读本《书香满园》，共六册。我们选择教材中重要的篇目，根据教材的要求拓展阅读内容，设计了推荐阅读和类文阅读板块。根据教学目标设计了单篇阅读、比较阅读和群文阅读的思考题。学生在教师的指导下海量阅读，开阔视野。写作指导部分依照教材写作训练要求，不仅设计了写作目标和写作知识，还有经典范文、学生习作和教师作品。围绕写作实践题目，师生同题作文，激发学生的写作兴趣，最终达到读写结合，以读促写的目的。

《书香满园》2018 年立项为西宁市校本教材，有将近 3500 名学生在使用该教材。工作室成员从 2019 年开始利用《书香满园》开展了作者相异主题相同的群文阅读教学；同一作者的不同文本的群文阅读教学；文本相异写法相似的群文阅读教学实践。群文阅读教学拓展了语文课堂的长度和宽度，很好地培养了学生的语文素养，为学生的终身发展奠定了坚实的基础。

二、写作资源的开发

针对教师作文教学中的主要问题，如：教学缺乏系统规划，比较随意；教师不重视写作教学备课；写作缺乏有效指导等问题，工作室全体教师开发了统编版《单元主题写作教学指导用书》，该书由青海人民出版社出版。老师们就单元主题写作精心设计教案，开展阅读和写作教学一体化研究。工作室成员围绕单元读写契合点，教学中注重一体性；结合七至九年级阅读和写作训练的序列，教学力求一体化；围绕课内外群文阅读，在拓展教学中做到一体化；学生与教师读写同步，丰富一体化的内涵。在同题阅读和写作中，教师在思想、人格上潜移默化地影响学生。“下水”作文时，教师的构思、选材、写法对学生是一种引导。师生同题作文时，学生感受到的是好奇、亲切，融洽了师生关系，拉近了师生心灵的距离。我们还梳理出统编初中语文教材每课的读写教学契合点，以及教材和课外读本《书香满园》的读写教学契合点，开展阅读和写作一体化教学，力求提高学生的阅读和写作能力。

三、语文实践资源的开发

语文是实践性很强的课程，应着重培养学生的语文实践能力。课堂只是学生学习的小天地，生活处处有语文，老师们要引导学生在生活这个大课堂中学习语文。我们根据学生心理特点和兴趣爱好，开展形式多样的语文实践活动，如“参观博物馆”“调研青海乡土文化”“广告招牌错别字大汇”“寻找最美对联”“诗歌朗诵会”“我是朗读者”等活动，让学生将所学知识、技能，在实践中运用，学生学语文、用语文的能力得以提升。

四、网络资源的开发

网络是巨大的资源库，我们在语文教学中充分利用网络，开发网络资源，将其与语文教学有机融合。教学中，对作者的生平，作品的背景，以及相关的图片、文字、音频、视频资源等通过网络在教学中呈现，有效地突破教学重难点。

网络的特点是交互性，能及时实现师生、生生之间的交流，营造合作融洽的学习氛围。我们在网络背景下，突破传统的教学内容和教学形式，创建语文教学的新模式，优化学生的学习方法。老师通过公开自己的QQ和电子邮箱，实现教师之间的对话，共享教学信息、参考资料，分享教学心得等；通过网络实现师生之间的对话，通过发送信息，帮助学生解决学习上遇到的困难；教师发送前置作业、微课等资源，助力学生的课前预习和课后查漏补缺，还利用网络进行网上学习辅导。

2020年新型冠状病毒疫情期间，运用钉钉平台开展线上教学。将教科书、试卷、练习册的内容转化为PDF格式，在直播中可以边讲解、边书写。学生每天上传课堂笔记，便于老师检查学生的听课情况。线上教学学生可在群内提问，也可以单独问老师，老师会一一解答，学生问题得到及时解决，传统的课堂很难实现这一点。一些本身很努力但跟不上进度的学生们，利用直播回放这一功能，加深了对知识点的理解，巩固了在课上没有掌握的知识。

五、环境资源的开发

班级是学生学习的主要场所，我们合理地利用教室环境，创设多彩的班级文化，陶冶学生的情操，促进学生语文能力的发展。在教室资源的开发上既呈现设计主题，也突出班级个性特点。如："雅言、雅行、雅量"主题；"传中华经典，做谦谦君子"主题。在教室墙壁上张贴名言警句、学生的书法、绘画、习作；发动学生精心布置班级"图书角""作文园地""古诗苑漫步"等，让教室的每堵墙、每扇窗都会说话，利用一切可以利用的条件为学生营造浓厚的文化氛围，让学生在充满真、善、美的环境中感受语文、学习语文，让学生感到语文无处不在，无时不有。

六、校本资源的开发

我们根据年级不同编制诗词学习手册——《古诗苑漫步》《与经典同行》，教师将每周一、三、五的语文早读时间定为"经典诵读课"。通过这样的方式加强学生古诗词的积累和运用训练。本人还编写了《乘着音乐的翅膀》古诗词歌曲读本，该读本搭建流行歌曲和古典诗词的桥梁，我指导学生朗诵、吟唱，学生每天上学、放学、课间都有诗歌相伴，学生认识了中华优秀文化，感受了传统文化的魅力，促进学生的全面发展。

七、教师资源的开发

无论课程资源多么丰富，都要努力使课程资源的价值得以充分发挥和显现。名师工作室是一个“学习共团体”，是一个“专业成长的共团体”，成员们静心学习，潜心教学，以自己渊博的学识、高尚的人格魅力潜移默化地教育和影响孩子。大家研读专业书籍，提高理论修养；苦练教学基本功，竞赛展示风采；开展教学研究，及时反思总结。通过对教师资源的挖掘，努力提高语文教学水平。本人撰写了个人专著《慧心慧语》，工作室成员撰写了论文集《教海拾贝》《他山之石 可以攻玉》《守望 耕耘收获》。

语文课程资源的开发与整合给语文教学带来了新的生机与活力，它提高了语文教学效率，充分发挥了教师教学研究的创造性，学生学习的积极性，让我们的语文课堂精彩纷呈，迎来了语文教学一个又一个春天。

统编版初中语文群文阅读体系建构分析与教学建议

“读书为本，读书为要”是统编初中语文教材阅读体系构建的指导思想，初中教材建构了教读、自读、课外阅读“三位一体”的阅读教学体系，课外阅读成为课程的有效组成部分，增加了课外阅读、名著导读的分量，沟通课内外阅读，强调单篇阅读与整本书阅读的结合。提倡采用“1+X”群文阅读教学方法，即在一篇课文后（主要设置在教读课文的“积累拓展”和自读课文的“阅读提示”中）推荐若干课外阅读篇目，设置一定的任务（议题），引导学生进行同主题阅读、拓展延伸性阅读、回顾总结性阅读等，沟通课内外的联系，扩大学生的阅读量。如八年级上册第9课《三峡》积累拓展第五题：“课外可以阅读《水经注》中描写孟门山、拒马河、黄牛滩、西陵峡等的段落，体会其写景文字的精彩。”一些群文阅读还指向整本书阅读，比如七年级上册第9课《从百草园到三味书屋》“积累拓展”第五题：“文中那个活泼可爱、尽情玩耍的小鲁迅宛在眼前，你看到文字后面那个拿笔写作的“大”鲁迅了吗？你觉得这个“大”鲁迅是带着怎样的情感来写本文和《朝花夕拾》中其他文章的？请结合本单元后的“名著导读”栏目的相关内容谈谈你的认识。”所以群文阅读是以一个或多个“议题”为任务驱动，通过多个文本的阅读，形成阅读整体，实现问题解决和意义建构的过程。但群文阅读如何在初中语文教学中有效落实，是我们需要认真研究并解决的问题。

统编初中语文教材的阅读文本分教读课文、自读课文、名著阅读三类。教读课文的助学系统包括“预习”“思考探究”和 “积累拓展”三个部分。现代文自读课文的助学系统为文后“阅读提示”，部分自读课文设计了“旁批”；文言自读课文的助学系统，课前为“阅读提示”，课后为“思考探究”；名著阅读的助学系统包括“读书方法指导”“专题探究”“精彩选篇”“自主阅读推荐”。教材在助学系统中渗透了群文阅读意图。通过对七、八、九年级教材进行梳理，六册书通过助学系统渗透群文阅读意识的阅读课达到 33.3%，综合性学习渗透群文阅读意识的达到 26.6%，名著阅读渗透群文阅读意识的达到 100%，群文阅读体系的构建方式及议题设计详见附录表格。

一、统编初中语文教材群文阅读体系的构建分析

（一）以同一作者的作品主题、文体特点作为“议题”的群文阅读

这些群文阅读指向的是同一作家的其他相同作品或同一作家的完整作品。指向作者其他作品的群文阅读，有利于把握作者的创作风格；指向原著其他部分的群文阅读，有利于整本书阅读的实施。

如八年级上册第 16 课《昆明的雨》，在阅读提示是这样设计的：“汪曾祺的散文，往往拾取生活中的琐细事物，娓娓道来，如话家常，平淡自然，却饶有趣味。再找几篇（如《故乡的食物》《翠湖心影》《我的家乡》等），细细品味，体会作者散文的独特韵味。”这是以课文作者和文体特点作为“议题”，通过群文阅读引导学生体会汪曾祺散文的特点。

再如七年级上册第 10 课《再塑生命的人》，在阅读提示设计了“如果有兴趣，可以课外阅读《假如给我三天光明》一书，感受海伦·凯勒在逆境中奋进的精神和意志”。这是以文章主题作为“议题”，通过群文阅读引导学生学习海伦·凯勒的不屈的精神和坚强的意志。

若课文是完整文本，则推荐阅读作者的其他作品，形成群文阅读体系；若课文是节选，则推荐阅读其整部作品，形成群文阅读体系，旨在引导学生掌握同一类作品的阅读。

（二）以课文中人物、主题作为“议题”的群文阅读

课文与推荐文本围绕同一人物或主题形成群文阅读，由课文联系到课文中的

人物或这一类人物的其他优秀文本，形成群文阅读体系。如七年级下册第13课《叶圣陶先生二三事》，课后积累拓展第五题是这样设计的："课外阅读吕叔湘的《怀念圣陶先生》，想一想：文中写了哪些事？从中你还看出叶圣陶先生哪些精神品质？"这是以课文中人物和作品主题作为"议题"的群文阅读，群文阅读的目的是引导学生通过多文本学习叶圣陶先生的精神品质。

再如七年级下册第 6 课《老山界》，积累拓展第五题是这样设计的："课外阅读反映红军长征的文章。"这也是以课文中人物和作品主题作为"议题"的群文阅读，这样设计的目的是引导学生通过多文本学习红军的革命精神。

《怀念圣陶先生》一课的群文阅读，指向求异，教学生从不同的角度研究同一个人物；《老山界》一课的群文阅读，指向求同，从不同的介绍红军的文章中找寻红军共同的革命精神。

（三）以课文的写作方法、文体特点等某一方面作为"议题"的群文阅读

这样的群文阅读设计在统编版初中语文教材中是非常多的。通过一组文本的阅读，让学生举一反三，强化和巩固相关的语文知识。

如八年级下册第 17 课《壶口瀑布》积累拓展第五题是这样设计的："课外阅读郁达夫《西溪的晴雨》、徐迟《黄山记》、王充闾《读三峡》等，体会它们在选材、构思、语言等方面的特点。"这是以课文的文体特点作为"议题"的群文阅读，通过多文本的阅读，促进学生掌握写景抒情散文的特点。再如七年级下册第23课《带上她的眼睛》课后阅读提示这样设计："你还读过其他科幻小说吗？课外可以阅读一些科幻小说名作，比如刘慈欣的《朝闻道》、阿瑟·克拉克的《星》、费诺·文奇的《真名实姓》等。"也是通过一组作品的阅读，帮助学生了解科幻小说的特点。

再如八年级上册第 6 课《回忆我的母亲》的积累拓展第五题："很多作家都写过回忆母亲的文章，比如邹韬奋《我的母亲》、老舍《我的母亲》等。找来进行比较阅读，看看不同作者笔下的母亲形象、文章的写作手法、作品的语言风格等方面各有什么不同。"这是以课文文体特点作为"议题"的群文阅读。《回忆我的母亲》一课的群文阅读，既指向求异，教学生从一组回忆母亲的文本感受散文的不同风格；《回忆我的母亲》群文阅读，又指向求同，教学生从不同的文本感受作者对母亲的深情。

（四）综合性学习中以作品的主题作为“议题”的群文阅读

以作品主题为议题的群文阅读设计，除了在阅读课文中有设计，还渗透在“综合性学习”板块。“综合性学习”由多个子栏目构成，教材将群文阅读的要求以资料的形式呈现在相应子栏目中。

如七年级下册综合性学习《天下国家》中要求师生开展“爱国诗词朗诵会”，以“爱国诗词小提示”的方式，提供了屈原、杜甫、陆游、辛弃疾、文天祥等诗人的爱国诗词。这些作品以共同的主题为“议题”，通过群文阅读培养学生的爱国主义精神。再如九年级上册综合性学习《君子自强不息》中子栏目“寻找自强不息的人物”，呈现了《祖逖闻鸡起舞》《范仲淹断齑画粥》，通过群文阅读让学生感受古人自强不息的精神。再如八年级上册综合性学习《人无信不立》中子栏目“古代关于“信”的名言和故事”，呈现了《曾子烹彘》《商鞅立木》，通过群文阅读，帮助学生理解“信”的传统内涵。

（五）课文、名著、自主阅读推荐作品相结合，以作品主题、文体特点作为“议题”的群文阅读

如七年级下册第23课《带上她的眼睛》，阅读提示设计了：“你还读过其他科幻小说吗？课外可以阅读一些科幻小说名作，比如刘慈欣的《朝闻道》、阿瑟·克拉克的《星》、费诺·文奇的《真名实姓》等”。教材推荐的必读名著是凡尔纳的《海底两万里》，自主阅读推荐的名著为阿西莫夫的《基地》与J.K.罗琳的《哈利·波特与死亡圣器》。教材通过多层建构，形成了科幻作品阅读体系：《带上她的眼睛》——《朝闻道》《星》《真名实姓》——《海底两万里》——《基地》《哈利·波特与死亡圣器》。通过这一体系的阅读，学生能够对科幻小说形成一定的认识、体悟。

类似的设计还有许多，如八年级上册第五单元第19课《蝉》，阅读提示的设计是：“课外再阅读写蝉的相关文章，比如本文作者的《蝉和蚁》《蝉的歌唱》等。”教材推荐的必读名著是法布尔的《昆虫记》，自主阅读推荐的是卞毓麟的《星星离我们有多远》、蕾切尔·卡森的《寂静的春天》。教材通过多层建构，形成了科普作品阅读体系：《蝉》——《蝉和蚁》《蝉的歌唱》——《昆虫记》——《星星离我们有多远》《寂静的春天》，通过这一体系的阅读，促使学生体会科普作品特点，感悟作品蕴含的科学思维、科学理念和科学精神，学习作者的科学精神。

二、群文阅读的教学建议

统编初中语文教材群文阅读的实施，首先应当摒除两种倾向：或将推荐群文弃之不顾，或将所荐文本等同教读课文、自读课文，深耕细作。这两种做法都与群文阅读的理念相悖，与教材的编写理念相悖。统编初中语文教材减少课文篇数，将大量的课外阅读纳入到课程体系，进入到语文课堂，旨在发挥语文课堂的“主渠道”作用，以阅读内容为切入口倒逼减少课文教学烦琐的分析、提问，为大量阅读进入语文课堂腾出时间和空间，从而改变语文教学方式。

群文阅读教学的实施，本人建议如下。

（一）教师对群文要整合，确定“议题”

突破单篇文本教学的局限，是群文阅读的本质追求。在阅读教学中，教师需要站在教材建设与使用的高度上发挥主导作用，对教材推荐的群文、教师自己或者学校开发的教学资源，予以整合。

整合就是通过设计“议题”，将群文整合成一个整体，用这些文本作为整体的教学内容进行阅读教学。确定群文阅读的“议题”时，教材有明确“议题”的，可以直接运用，还可根据学情增加“议题”；教材没有明确指出“议题”的，就需要教师设计完成，并向学生明示。“议题”要与群文有密切的关联。确定群文阅读的“议题”还需要坚持以学生为本的原则，要立足于学生的原有认知水平与积累、阅读能力等。群文阅读“议题”既要指向求同思维的训练与运用，又要指向发散思维、求异思维的培养，而后者尤为重要。

例如七年级上册第16课《猫》群文阅读，本人设计了如下议题：（1）阅读夏丏尊的《猫》、季羡林的《老猫》（教师自己开发的教学资源），说说这些文章作者表达的思想感情是什么？（2）阅读靳以的《猫》和王鲁彦的《父亲的玳瑁》，与课文比较，说说三篇散文有什么异同点？（3）小组合作探究通过写猫表达丰富的人生体验的写法。（4）想象作文：假使郑振铎的第三只猫、夏丏尊的猫、季羡林的老猫都没有死，有一天，它们在野外相遇了，它们会说些什么，做些什么。这样的议题与任务，具有综合性——“议题”统领各个文本；具有挑战性——任务高于单一文本，需要对各文本进行整合，运用求同或求异思维进行探究。

（二）开展任务驱动下的阅读教学实践

统编初中语文教材的“名著导读”部分增加了“专题探究”，就体现了任务驱动的意识，这对群文阅读教学极具启发性。任务驱动本来是建构主义教学理论所倡导的一种教学法，开展群文阅读，需要高质量的驱动任务，学生在教师引领下，围绕挑战性“议题”，全身心积极参与，在理解众多文本、作品内容的基础上，获得新体验、新认知，并将之内化到自己的认知结构中，不断推动学生阅读能力的螺旋式提升。

1. 比较阅读是群文阅读便捷的教学路径

比较阅读是群文阅读教学用得最多的教学策略，比较阅读强调相关性、相似性、相对性。多文本之间比较阅读，可以是主题的比较、人物的比较、环境的比较、表现手法的比较、思想情感的比较、体裁的比较、文章结构……比较相同点、比较不同点。如七年级上册第20《天上的街市》积累拓展三推荐了《秋夕》《七夕》《鹊桥仙》是三首与牛郎织女有关的诗歌。要求学生朗读这些诗歌，说说诗人借牛郎织女的故事，表达了怎样的情感。这三首诗歌和《天上的街市》的相同点是都有牛郎织女的故事，但作者借传说故事表达的情感各不相同，学生通过比较阅读，才能体会。再如七年级上册第6课《散步》思考探究第五题：“本文与《秋天的怀念》有着不同的感情基调。与同学一起探究本文的感情基调，并试着通过朗读来准确传达作者的情感。”比较阅读可以让学生在阅读中有所发现，提高学生深层次的阅读能力。

2. 读书会可以拓展群文阅读的深度和广度

课堂教学应该以学生为主，读书会是群文阅读课堂教学的主要方式。如八年级上册第11课《与朱元思书》，群文阅读的设计是阅读“吴均三书”，进一步体会吴均写景文章的特点。以小组为单位，设计任务，围绕意境美、志趣美、语言美、结构美四个方面开展读书鉴赏会。再如七年级上册综合性学习《有朋自远方来》，将全班同学分为不同小组，搜集、阅读、整理有关交友的 材料，围绕“交友之道”，开展读书会。活动设计的任务是：1. 各组展示搜集的材料；2. 围绕推荐阅读的《伯牙绝弦》《割席断交》以及朱光潜的《谈交友》、培根的《论友谊》等篇目，谈谈交友之道。读书会形式的群文阅读教学要想成功要注意：讨论的问题要开放，每个学生都可参与，每个学生都能发表自己的观点。通过小组合作、分组讨论、分享对话，这样使学生的思维不断激活，学习不断深入。

3. 探究性学习在群文阅读中促进学生语文能力的提升

群文阅读如果仅仅是加大了阅读量，而没有对文本进行探究性思考，这样的群文阅读活动不仅流于形式，而且会增加学生的负担。探究是新课标倡导的学习方式，群文阅读教学中的探究是指学生在老师的引导下，按照一定的任务或目标，采用一定的学习策略，阅读文章、提取知识、妥善表达，总结规律，在这一过程中逐渐培养良好的学习习惯，提高语文能力。

如八年级上册第5课《藤野先生》积累拓展第五题群文阅读设计是：“‘弃医从文’是鲁迅一生中的大事，除了课文，还有一些文章对此也有记述，如《〈呐喊〉自序》。课后查找相关资料，读一读，加深对鲁迅这一人生选择的理解。”本人设计的探究性学习，任务是阅读《朝花夕拾》《〈呐喊〉自序》，探究鲁迅的生活道路和心路历程。

探究性学习它强调探究的过程，强调让学生通过探究过程去参与、体验和掌握探究的方法，培养学生的探究意识。

（三）注重指导学生阅读方法

群文阅读不是为了读更多的文本，而是用更多文本来教会学生学习阅读。群文阅读教学不能盯着群文的数量，而应当关注如何用群文来教会学生阅读，指导学生掌握阅读方法，提高阅读能力。

《义务教育语文课程标准》指出：“各个学段的阅读教学都要重视朗读和默读。应加强对阅读方法的指导，让学生逐步学会精读、略读和浏览。”字斟句酌，反复体味，叫精读；简单粗略，知其大概，叫略读；一目十行，旨在意会，叫浏览。这三种方法各有用途，在群文阅读中应有机结合，巧妙使用。通读时应以略读为主，知其大意；遇到枝叶性的章节，应以浏览为宜，稍加意会即可；遇到精彩片断，应精读，反复吟咏、玩味，并圈点、记录。在群文阅读教学中培养学生良好的阅读习惯：勤动笔，勤思考，在写得好的地方划上记号，最好能在旁边加以评点；勤做笔记，写心得，摘录好的词语、优美的语句、精彩的片断，写点鉴赏；文章读后写点心得或读后感。

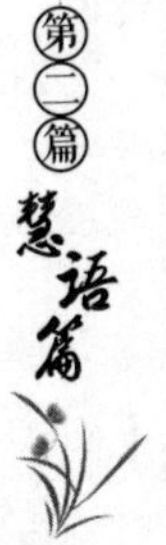

表 1：统编版初中语文群文阅读教学体系构建方式及议题

构建方式	篇目	位置	设计	议题
七年级上册				
以课文主题、写作方法等某一方面为联系点的群文阅读	6.《散步》	思考探究五	本文与《秋天的怀念》有着不同的感情基调。与同学一起探究本文的感情基调，并试着通过朗读来准确传达作者的情感	探究主题；品味散文的语言
以课文的文体特征作为联系点	7.《散文诗两首》	阅读提示	课外阅读《泰戈尔诗选》和冰心的《繁星》《春水》，感受他们作品风格的相似之处	了解散文诗的特点
以作品主题为联系点的群文阅读	综合性学习《有朋自远方来》		将全班同学分为不同小组，搜集、阅读、整理有关交友的诗词文章、名言警句、成语典故和其他材料，同时列出了《伯牙绝弦》《割席断交》及朱光潜的《谈交友》、培根的《论友谊》等篇目。要求大家围绕“交友之道”，开展一次学习活动	学习交友之道
以课文作者和主题作为联系点	9.《从百草园到三味书屋》	积累拓展五	文中那个活泼可爱、尽情玩耍的小鲁迅宛在眼前，你看到文中后面那个拿笔写作的“大”鲁迅了吗？你觉得这个“大”鲁迅是带着怎样的情感来写本文和《朝花夕拾》中其他文章的？请结合本单元后的“名著导读”栏目的相关内容谈谈你的认识	了解鲁迅幼年到青年时期的生活道路和心路历程
以课文作者和主题作为联系点	10.《再塑生命的人》	阅读提示	如果有兴趣，可以课外阅读《假如给我三天光明》一书，感受海伦·凯勒在逆境中奋进的精神和意志	学习海伦·凯勒的精神和意志
以名著的文体特征作为联系点	名作导读《朝花夕拾》	自主阅读推荐	孙犁的《白洋淀纪事》、沈从文的《湘行散记》	通过作品，了解作者丰富的人生体验和对人生的思考

续表

构建方式	篇目	位置	设计	议题
以课文中人物和作品主题作为联系点的群文阅读	12.《纪念白求恩》	积累拓展五	除了毛泽东，许多老一辈革命家也写过纪念白求恩的文章，如朱德的《纪念白求恩同志》、宋庆龄的《我们时代的英雄》、聂荣臻的《“要拿我当一挺机关枪使用”——怀念白求恩同志》等。课外阅读这些文章，小组交流：白求恩大夫身上有哪些优秀品质？哪一点对你触动最大	学习白求恩同志的优秀品质
以课文表达主题、写作方法等某一方面为联系点的群文阅读	16.《猫》	积累拓展五	课外阅读夏丏尊的《猫》、靳以的《猫》和王鲁彦的《父亲的玳瑁》，与课文比较，体会这些文章中作者表达的思想感情	理解作品主题；学习通过写猫表达丰富的人生体验的写法
以课文作者和主题作为联系点	17.《动物笑谈》	阅读提示	课文是从《所罗门王的指环》一书中节选的，课下不妨把这本书找来读一读	学习作者的科学精神和品质
以课文中人物和作品主题作为联系点的群文阅读	20.《天上的街市》	积累拓展三	《秋夕》《七夕》《鹊桥仙》是三首与牛郎织女有关的诗歌。朗读这些诗歌，说说诗人借牛郎织女的故事，表达了怎样的情感	体会作者借牛郎织女表达的情感
以课文的文体特征作为联系点	21.《女娲造人》	阅读提示	中国古代还有一些优秀的神话故事，如《夸父逐日》《共工怒触不周山》等，课外读一读	了解神话的特点
	名著导读《西游记》	自主阅读推荐	屠格涅夫的《猎人笔记》、李汝珍的《镜花缘》	了解古今中外作家非凡的想象力和对现实的洞察力
七年级下册				
以课文中人物和作品主题作为联系点的群文阅读	2.《说和做——记闻一多先生言行片段》	积累拓展五	课外阅读闻一多的《太阳吟》《死水》《静夜》等诗作，欣赏其艺术特色，感受其中的精神追求	学习闻一多的精神追求和崇高品质
以课文中人物和作品主题作为联系点的群文阅读	5.《黄河颂》	积累拓展五	课外阅读《黄河大合唱》第三部分——《黄河之水天上来》	理解作者借歌颂黄河，歌颂中华民族英雄气概的主题
以课文中人物和作品主题作为联系点的群文阅读	6.《老山界》	积累拓展五	课外阅读反映红军长征的文章	学习红军的革命精神

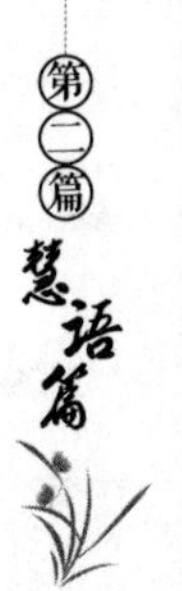

续表

构建方式	篇目	位置	设计	议题
以作品主题为联系点	综合性学习《天下国家》	爱国诗词小提示	师生开展“爱国诗词朗诵会”，要求学生搜集、朗读爱国诗词，同时以“爱国诗词小提示”的方式，提供屈原、杜甫、陆游、辛弃疾、文天祥等诗人的爱国诗词	培养爱国主义精神
以名著表达的主题、文体特点等某一方面为联系点	名著导读《骆驼祥子》	自主阅读推荐	罗广斌、杨益言的《红岩》、柳青《创业史》	了解中华民族不屈的抗争精神和奋斗史
以课文中人物和作品主题作为联系点的群文阅读	13.《叶圣陶先生二三事》	积累拓展五	课外阅读吕叔湘的《怀念圣陶先生》，想一想：文中写了哪些事？从中你还看出叶圣陶先生哪些精神品质	学习叶圣陶先生的精神品质
以课文的文体特征作为联系点	17.《紫藤萝瀑布》	积累拓展五	宗璞有不少写景状物的散文，如《丁香结》《燕园树寻》《好一朵木槿花》等，课外找来读一读并进行比较，看看这些作品有什么共同的特点	体会写景状物散文的特点
以课文的文体特征作为联系点	18.《一棵小桃树》	阅读提示	读完课文，想一想：本文与《紫藤萝瀑布》在写法上有什么相同和不同之处	体会写景状物散文的特点
以课文作者和主题作为联系点	21.《伟大的悲剧》	积累拓展五	茨威格的《人类的群星闪耀时》一书中还有不少精彩的传记作品，如《滑铁卢的一分钟》《黄金国的发现》《越过大洋的第一次通话》等，课外可以找来阅读，进一步品味作家笔下的历史图景	通过具体文章理解《人类的群星闪耀时》书名的含义
以课文的文体特征作为联系点	23.《带上她的眼睛》	阅读提示	你还读过其他科幻小说吗？课外可以阅读一些科幻小说名作，比如刘慈欣的《朝闻道》、阿瑟·克拉克的《星》、费诺·文奇的《真名实姓》等	了解科幻小说的特点
以名著的文体特征作为联系点	名著导读《海底两万里》	自主阅读推荐	阿西莫夫的《基地》与J.K.罗琳的《哈利·波特与死亡圣器》	了解科幻小说的特点
八年级上册				
以课文作者和主题作为联系点	5.《藤野先生》	积累拓展五	“弃医从文”是鲁迅一生中的大事，除了课文，还有一些文章对此也有记述，如《〈呐喊〉自序》。课后查找相关资料，读一读，加深对鲁迅这一人生选择的理解	了解鲁迅的生活道路和心路历程

续表

构建方式	篇目	位置	设计	议题
以课文主题和文体特征作为联系点的群文阅读	6.《回忆我的母亲》	积累拓展五	很多作家都写过回忆母亲的文章，比如邹韬奋《我的母亲》、老舍《我的母亲》等。找来进行比较阅读，看看不同作者笔下的母亲形象、文章的写作手法、作品的语言风格等方面各有什么不同	感受作者对母亲的深情；学习散文的不同风格
以课文作者和主题作为联系点	7.《列夫•托尔斯泰》	阅读提示	有兴趣的同学，可以课外阅读《托尔斯泰》全文或《三作家》全书，还可进一步阅读茨威格的《三大师》，走进伟大作家的内心世界	了解伟大作家的人生经历和精神世界
以课文作者和主题作为联系点	8.《美丽的颜色》	阅读提示	课外读一读《居里夫人传》，了解这位伟大科学家的品德力量和科学贡献	体会居里夫人的品德和科学贡献
以作品主题为联系点	综合性学习《人无信不立》		古代关于“信”的名言和故事：《曾子烹彘》《商鞅立木》	理解“信”的传统内涵
以课文的文体特征作为联系点	9.《三峡》	积累拓展五	课外可以阅读《水经注》中描写孟门山、拒马河、黄牛滩、西陵峡等的段落，体会其写景文字的精彩	体会古代写景散文的精彩
以课文的文体特征作为联系点	11.《与朱元思书》	思考探究四	吴均的《与施从事书》《与顾章书》和《与朱元思书》并称“吴均三书”，都是描写山水的名篇，学者钱锺书认为其成就可与《水经注》中的写景段落相提并论。课外阅读吴均的另外“两书”，进一步体会吴均写景文章的特点	体会古代写景散文的特点
以名著主题和文体特征作为联系点的群文阅读	名著导读《红星照耀中国》	自主阅读推荐	王树增《长征》、李鸣生《飞向太空港》	1. 了解作品主题； 2. 体会纪实文学作品的特点
以课文的文体特征作为联系点	15. 散文两篇	阅读提示	中外名家抒写生命哲思、人生感悟的文章很多，课余不妨读读冰心的《谈生命》、张抗抗的《地下森林断想》、勃兰兑斯的《人生》等”	体会议论性散文表达的生命哲思、人生感悟
以课文作者和文体特点作为联系点	16.《昆明的雨》	阅读提示	汪曾祺的散文，往往拾取生活中的琐细事物，娓娓道来，如话家常，平淡自然，却饶有趣味。再找几篇（如《故乡的食物》《翠湖心影》《我的家乡》等），细细品味，体会作者散文的独特韵味	体会汪曾祺散文的独特韵味

续表

构建方式	篇目	位置	设计	议题
以课文作者和文体特点作为联系点	19.《蝉》	阅读提示	课外再阅读写蝉的相关文章，比如本文作者的《蝉和蚁》《蝉的歌唱》等	1. 学习作者的科学精神； 2. 学习说明事物的方法
以课文中人物和作品主题作为联系点的群文阅读	20.《梦回繁华》	阅读提示	课外可以阅读《〈清明上河图〉的故事》《解读〈清明上河图〉》《谜一样的〈清明上河图〉》等书，进一步了解这幅名画	领略《清明上河图》的魅力
以名著主题和文体特征作为联系点的群文阅读	名著导读《昆虫记》	自主阅读推荐	卞毓麟的《星星离我们有多远》、蕾切尔·卡森的《寂静的春天》	1. 体会科普作品特点； 2. 感悟作品蕴含的科学思维、科学理念和科学精神
以课文的文体特征作为联系点	22.《愚公移山》	思考探究六	《列子》中有很多寓言故事，如“歧路亡羊”“詹何钓鱼”“造父学御”“鲍氏之子”“九方皋相马”等，以小组为单位挑选一两个，借助注释和工具书疏通文义，讨论其寓意，在班上开一次《列子》寓言故事会	体会寓言故事的特点
以课文的文体特点作为联系点	23.《周亚夫军细柳》	思考探究四	《史记》长于记人，书中记述了许多各具特点的历史人物。从廉颇、蔺相如、屈原、项羽、张良、韩信、李广等人中，任选一位，借助注释与工具书阅读相关的本纪、世家或列传，了解其生平事迹，领略人物的风采，感受《史记》的写人艺术	领略人物的风采，感受《史记》的写人艺术
八年级下册				
以课文作者和主题作为联系点	1.《社戏》	积累拓展五	《社戏》原文开头部分写的是“我”成年后在剧场看中国戏的两段经历。课后阅读这些文字，体会一下，作者通过写不同的看戏经历，表达了一种怎样的情思	理解文章主题
以课文中人物和作品主题作为联系点的群文阅读	2.《回延安》	积累拓展六	对照这首诗，延伸阅读莫耶《延安颂》、祁念曾《延安，我把你追寻》、曹靖华《小米的回忆》、吴伯箫《记一辆纺车》等，看看这些诗文体现了怎样的“延安精神”	学习延安精神

续表

构建方式	篇目	位置	设计	议题
以课文作者和主题作为联系点	7.《大雁归来》	阅读思考	在《沙乡年鉴》中，作者分12个月，记录了他那贫瘠荒凉的沙乡农场一年四季的物候风景、生活趣事，细致描摹了各种生物的生存状况，表达了对自然的尊重和对人与自然关系的全新思考。有兴趣的话，可以把这本书找来读一读	感受作者情怀；体会一位环境保护主义者的思考
以课文的文体特点作为联系点	10.《小石潭记》	积累拓展五	柳宗元的山水游记上承郦道元《水经注》的成就，又有突破性的发展。明代文学家茅坤说："夫古之善记山川，莫如柳子厚。"课外阅读"永州八记"中的其他作品，如《始得西山宴游记》《钴鉧潭西小丘记》等，体会柳宗元山水游记的特色。也可以阅读后世的游记作品，如袁宏道《满井游记》、袁枚《峡江寺飞泉亭记》、姚鼐《登泰山记》等，体会其与柳宗元文章风格的不同之处	体会山水游记的特色
以名著主题和文体特征作为联系点的群文阅读	名著导读《傅雷家书》	自主阅读推荐	乔斯坦·贾德《苏菲的世界》、朱光潜《给青年的十二封信》	1. 体会书信体作品的魅力；2. 感悟作品主题
以课文的文体特点作为联系点	17.《壶口瀑布》	积累拓展五	课外阅读郁达夫《西溪的晴雨》、徐迟《黄山记》、王充闾《读三峡》等，体会它们在选材、构思、语言等方面的特点	体会写景抒情散文的特点
以课文中人物和作品主题作为联系点的群文阅读	21.《庄子》两则	积累拓展四	李白一生常以大鹏自比，下面这首《上李邕》，是他写给当时德高望重的名士、北海太守李邕的。结合注释，并查阅工具书，说说诗人借助大鹏的形象表达了怎样的情感	了解作者借助大鹏的形象表达的情感
以课文主题作为联系点的群文阅读	23.《马说》	思考探究	阅读下面的短文（上令封德彝举贤……德彝惭而退），结合课文，写一段文字，谈谈你对人才问题的看法	体会作品中表达的人才观
以名著主题作为联系点的群文阅读	名著导读《钢铁是怎样炼成的》	自主阅读推荐	路遥《平凡的世界》、罗曼·罗兰《名人传》	了解作品中人物的精神追求和人格魅力

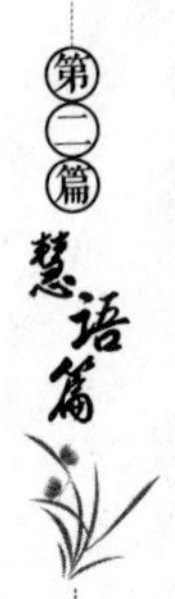

续表

构建方式	篇目	位置	设计	议题
九年级上册				
以名著的文体特点作为联系点	名著导读《艾青诗选》	自主阅读推荐	《泰戈尔诗选》《唐诗三百首》	感受古今中外诗歌的特点
以课文作者和主题作为联系点	8.《论教养》	阅读提示	与本文相似的“书简”，作者写了三十多篇，不妨利用课余时间多读几篇（如《择善而从最重要》《越出误区的艺术》），听听作者诚恳而睿智的建议	了解利哈乔夫“书简”精辟的观点和格言式的句子
以作品主题作为联系点的群文阅读	综合性学习《君子自强不息》	寻找自强不息的人物	《祖逖闻鸡起舞》《范仲淹断齑画粥》	感受古人自强不息的精神
以课文主题作为联系点的群文阅读	10.《岳阳楼记》	积累拓展六	岳阳楼是江南名楼，古往今来，无数文人登临览胜，留下了许多名篇佳作。如李白《与夏十二登岳阳楼》、杜甫《登岳阳楼》、陈与义《登岳阳楼》等。找来这些诗读一读，体会其中的思想感情	体会古代文人登岳阳楼时抒发的思想感情
以课文作者和主题作为联系点	16.《孤独之旅》	阅读提示	课外读一读《草房子》，了解故事的前因后果，看看杜小康后来又有怎样的经历	了解杜小康的人生经历；体会作品对生命的无限尊重，对人性的无限理解，对情之美的无限颂赞的主题
以课文作者和主题作为联系点	20.《创造宣言》	阅读提示	课后可以读一读他（陶行知）的《中国教育改造》一书，了解他是教育主张，更深层次地把握《创造宣言》中所提出的教育理想	了解陶行知的教育主张和教育理想
以课文中人物作为联系点的群文阅读	21.《智取生辰纲》	积累拓展五	课外阅读《水浒传》中有关杨志的其他回目，结合本文，写一篇《杨志小传》	把握杨志性格特点
以课文中人物作为联系点的群文阅读	23.《三顾茅庐》	阅读提示	课外阅读《三国演义》相关章节，了解故事的来龙去脉	把握诸葛亮、刘备、张飞的性格特点

续表

构建方式	篇目	位置	设计	议题
以名著的文体特点作为联系点的群文阅读	名著导读《水浒传》	自主阅读推荐	刘义庆《世说新语》、蒲松龄《聊斋志异》	了解古典小说的特点；分析人物形象；体会语言风格
九年级下册				
以课文主题作为联系点的群文阅读	2.《梅岭三章》	阅读提示	课外可再阅读周恩来的《大江歌罢掉头东》，鲁迅的《自嘲》《自题小像》等诗作，理解作者的理想信念和伟大人格	理解作者的理想信念和伟大人格
以课文作者和主题作为联系点	5.《孔乙己》	积累拓展五	看客是鲁迅笔下常见的形象。课外阅读鲁迅的《示众》《药》等小说，看看其中描写了怎样的看客形象？他们共同的特征是什么？并进一步思考，鲁迅写形形色色的看客，主要想表达什么	鲁迅塑造众多看客形象想要表达什么
以课文作者和文体特点作为联系点	7.《溜索》	阅读提示	阿城的另一篇小说《棋王》写得也很有意思，有兴趣的同学不妨找来读一读	1. 体会小说中人物的魅力； 2. 学习小说塑造人物的手法
以课文作者、文体特点和主题作为联系点	8.《蒲柳人家》	阅读提示	课外阅读小说的其他部分，卡看看此后又发生了哪些故事，人物的命运又有怎样的变化	1. 体会小说特色； 2. 感悟作者塑造人物的方法
以名著的文体特点作为联系点	名著导读《儒林外史》	自主阅读推荐	钱锺书《围城》、乔纳森·斯威夫特《格列佛游记》	1. 体会讽刺作品的批判精神； 2. 欣赏讽刺笔法
以课文作者、文体特点作为联系点	18.《天下第一楼》	思考探究四	阅读《天下第一楼》全剧，从常贵、卢孟实、修鼎新中任选一人，参考示例，写一段人物分析	戏剧文学中的任务塑造
以名著的文体特点作为联系点	名著导读《简·爱》	自主阅读推荐	《契诃夫短篇小说选》、夏目漱石《我是猫》	理解外国小说的文化内涵；了解小说的叙事角度；体会小说的语言

表 2：统编版初中语文群文阅读教学体系数据分析

<table>
<tr><th>教材分册</th><th>七年级上册</th><th>七年级下册</th><th>八年级上册</th><th>八年级下册</th><th>九年级上册</th><th>九年级下册</th><th>合计</th><th>百分比</th></tr>
<tr><td>教材总课数</td><td>22</td><td>24</td><td>24</td><td>24</td><td>24</td><td>23</td><td>141</td><td rowspan="2">33.3%</td></tr>
<tr><td>课后练习或阅读提示群文阅读设计</td><td>9</td><td>8</td><td>12</td><td>7</td><td>6</td><td>5</td><td>47</td></tr>
<tr><td>综合性学习总次数</td><td>3</td><td>3</td><td>3</td><td>3</td><td>2</td><td>1</td><td>15</td><td rowspan="2">26.6%</td></tr>
<tr><td>综合性学习群文阅读设计</td><td>1</td><td>1</td><td>1</td><td>0</td><td>1</td><td>0</td><td>4</td></tr>
<tr><td>名著导读总次数</td><td>2</td><td>2</td><td>2</td><td>2</td><td>2</td><td>2</td><td>12</td><td rowspan="2">100%</td></tr>
<tr><td>名著导读群文阅读设计</td><td>2</td><td>2</td><td>2</td><td>2</td><td>2</td><td>2</td><td>12</td></tr>
</table>

参考资料

1. 朱于国:《统编初中语文教材“三位一体”阅读体系的构建》,《语文学习》2017 年 11 期。

2. 人民教育出版社,课程教材研究所,中学语文课程教材研究开发中心编著:义务教育教科书《教师教学用书》七、八、九年级六册(2018 版),人民教育出版社。

3. 温儒敏总编,王本华主编:义务教育教科书《语文》七、八、九年级六册(2018 版),人民教育出版社,2017 年 7 月。

4. 义务教育教科书《教师教学用书》七、八、九年级六册(2018 版),人民教育出版社。

5. 义务教育教科书《语文》七、八、九年级六册(2018 版),人民教育出版社。